水本邦彦
Kunihiko Mizumoto

村

百姓たちの近世

シリーズ日本近世史②

岩波新書
1523

はじめに――村のイメージ

　本書は、近世日本の村の世界に焦点を当て、そこで暮らした百姓たちの姿や、社会における村の役割などを観察した巻である。

遠景から近景へ

　本題に入る前に、まず読者に質問してみよう。「皆さんは現在、「村」という言葉を耳にした時、どんなイメージを抱きますか」と。案ずるに、次のような答えが寄せられるのではないだろうか。

①　特定のテーマを持つ施設・公園の名前や、共通の目的あるいは技能を持った人々が集まる場所の名前が思い浮かぶ。たとえば「志摩《しま》スペイン村」「東映太秦《うずまさ》映画村」「芸術村」「文化村」「オリンピック選手村」など。

②　今は少なくなってしまったが、地方公共団体の単位としての村名が浮かぶ。「奈良県明日《あす》香《か》村」「東京都檜原《ひのはら》村」「沖縄県読谷村《よみたんそん》」など。

③　農業中心の田舎の暮らしや風物が連想される。ちなみに、このイメージは都市生活や近代

文明と較べながら想起されることが多いので、都市や近代を肯定する立場からは、「封建的な因習の社会」「古くさい共同体」「村八分《むらはちぶ》の世界」「僻地《へきち》」などとネガティブにイメージされ、逆の立場からは「循環型のエコ社会」「互助のコミュニティ」「グリーン・ツーリズムの訪問先」などポジティブな評価が与えられる。

こうした三種類ほどの答えは、各種国語辞典が記す「村」の説明、すなわち、(i)人の集まり住んでいる所、(ii)地方公共団体の一つ、(iii)町に対して農業・漁業など地域と結びついた生産活動に従事する人々が住む地域、といった説明とおおむね合致するから、まずは現在の村認識のスタンダードとみてよいだろう。

それにしても、このように分類してみると、現代に生きる私たちにとって「村」がいかに縁遠い存在になりつつあるかがよくわかる。そもそも①群の村名は、大勢が群がるという村の原義を転用して、特定の目的や状態を際立たせるための用法だし、また、②群の村は、いまや消滅に向かいつつある。たとえば筆者の住む滋賀県では、長らく唯一の村だった朽木《くつき》村が二〇〇五年、平成の大合併で高島《たかしま》市の一部になり、県内に行政単位としての村はなくなってしまった。二〇一四年現在、村の存在しない県はすでに一三県にのぼっている。

村と現代人との縁遠さは③においても共通する。というのも、これらのイメージの基礎となる農業・漁業・林業など第一次産業それ自体が急速に減少しているからである。多くの現代人にとって村の世界は遠景であり、非日常の場となったといってよいだろう。

しかし、現代社会を後にしてこの列島の歴史をわずか五〇年から一〇〇年遡るだけで、風景はどんどん村的なものへと変貌し、私たちは農業を中心とした村の世界に囲まれるようになる。そうした様子を産業別人口と村数の推移から確かめてみよう。

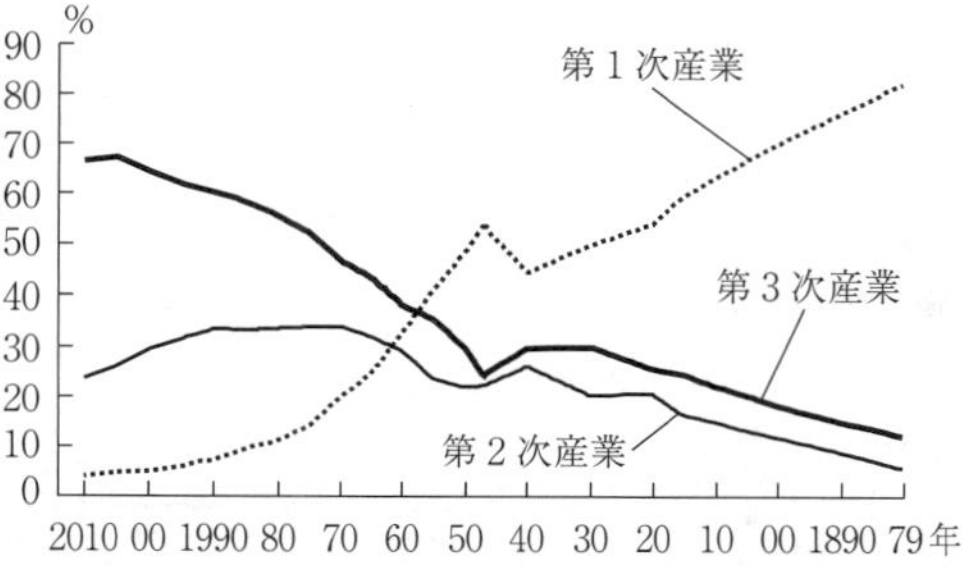

数値は，1879〜1915年は『明治以降本邦主要経済統計』に，1920〜2010年は「国勢調査」による．

図 0-1　産業別人口割合の変遷

図０‐１は二〇一〇年(平成二二)現在を起点に産業別人口の変遷を一八七九年(明治一二)までたどったものである。グラフの左端が現在のスタート地点である。ここでは第一次産業人口はすでに全体の四パーセントにまで減少している。だが、グラフの動きを右に追うとこの割合は急速に増え始め、一九六〇~五五年には他の産業部門を抜いて筆頭となり、二〇世紀初頭には全産業人口の七〇パーセント、さらにグラフの右端の一八七九年には、八〇パーセントにまで達してしまう。

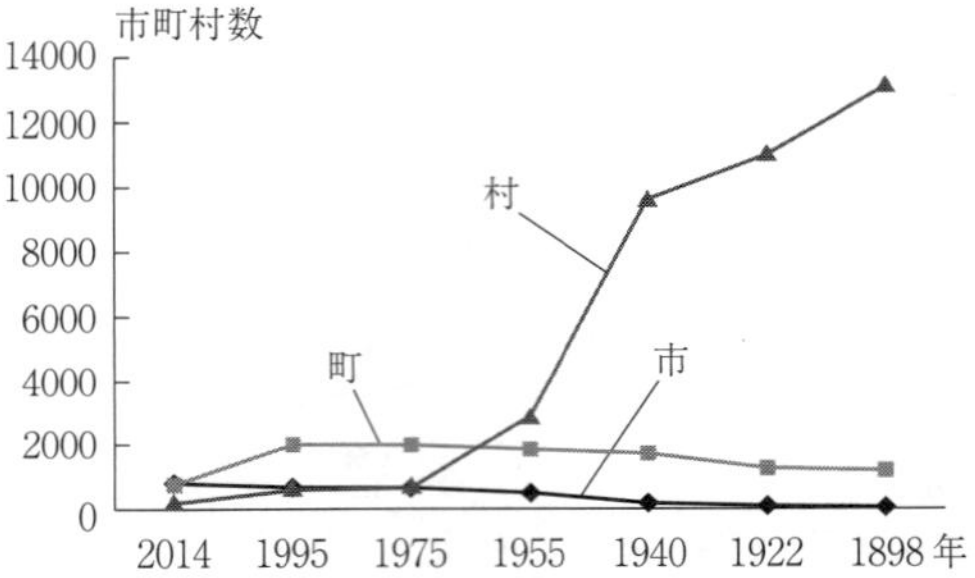

数値は，横道清孝(政策研究大学院大学)「アップ・ツー・デートな自治関係の動きに関する資料 No.1　日本における市町村合併の進展」，総務省「市町村合併資料集」による．

図 0-2　市町村数の変遷

地方公共団体の名称としての村数はどうか。図0－2を見てみよう。こちらも二〇一四年現在で、全国の村数は一八三カ村、全市町村数の一〇・七パーセントに留まるが、これが六〇年前の一九五五年には市町の合計数を抜いてトップに立ち、一一六年前の一八九八年(明治三一)には全市町村数(一万四二八九)の九一・五パーセント(一万三〇六八)が村という高い比率となっている。明治時代の行政区画のほとんどは村だったのである。このように、今から百数十年ほどを遡ると、そこは農業などの第一次産業を主な生業とする村社会であり、田舎の暮らしが日常の世界だった。

そして、これらのグラフの行き着いたその右側に位置したのが近世社会である。世代で数えれば私たちの四〜五代前の先祖を起点に、そこから三〇〇年ほどを範囲とする。この社会では人口の八割前後が百姓身分に所属し、幕末時点で村の数は七万を越えていた(この村が合併して明治の村になっていく)。まさに近世は右の図表の到達点がそのままに長らく続いた社会だったのである。逆に見れば、明治から現代に至る近年の一〇〇年余は、近世を彩った村と農林漁業の世界が急速に衰退する過程だった。

社会が村と百姓たちで満ちあふれていた近世とはどのような時代だったか。農業を中心的な生業《なりわい》とした私たちの多くの先祖(百姓たち)の暮らしぶりはどうだったか。村が近景であり日常生活の現場であった近世という時代。この時代の村と百姓の姿を観察することが本書のテーマである。

異国人の眼差し

ところで、私たちの先達として、近世の日本を別世界からの視線で眺め記述した人々がいた。同時代に海外から日本を訪れた異国人たちである(図0-3)。彼らの眼に日本の農村はどのように映っていただろうか。旅行記をちょっとだけ拾い読みしてみよう。

近世中期の一八世紀後半、オランダ商館付きの医師として来日したスウェーデン人のカール・ペーテル・ツュンベリー(一七四三~一八二八)は、こんなふうに当時の農業を描写している。

日本人にとって一番大切なのは農業である。従って当地では、不毛の山を除いて地上の至るところ、さらにほとんどの山や丘は頂上まで耕作されている。日本では農民が最も有益

図0-3　京都祇園の二軒茶屋で田楽を食べるオランダ人（『拾遺都名所図会』4巻，天明7，国立国会図書館ウェブサイトより，部分）

なる市民とみなされている。（中略）世界中にこの国ほど、より丹念に肥料を集めている国はない。言うなればこの点に関しては、利用できるものはすべて利用するのである。家畜は一年中農家で飼われているが、その糞《ふん》はことごとく農場で利用される。またどの街道でも、旅用に使われている馬の後には老人と子供がおり、棒の先につけた貝殻で馬の糞を拾い上げ、籠に入れて家に持ち帰っている。ヨーロッパの畑では滅多に利用しない尿さえも、ここでは大きな壺に丹念に集められる。（中略）農民が苦労して切り立った山肌をも耕作している様子は、ほとんど信じがたいほどである。その場所が一アールン（約六〇センチメートル）四方にも満たないほどの広さであっても、斜面に石垣までしてそこへ土と肥料を満たし、この小さな耕地に米や野菜の種を蒔く。大部分の山々はこのような無数の苗床で飾られ、その光景は見る者にただ驚異の念を抱かせる。

（『江戸参府随行記』）

植物学者だった彼は、旅行記の随所でこの国の農業と農民に対して高い評価を与え、丹念な肥料集めにも感心している。ただし、彼は別の箇所でこんなことも記している。暑熱下で強い悪臭を発する糞尿には耐えがたいものがあり、そこから生じる蒸気(アンモニア)の刺激で大勢の人々、とくに高齢者は目を真っ赤にして目やにを出している、と。有機肥料の「エコ社会」は、眼病の蔓延する社会でもあった。

ツュンベリーより八五年ほど前に来日したドイツ人旅行家のエンゲルベルト・ケンペル(一六五一~一七一六)も江戸参府の日記に、村の百姓家について書き留めている。

百姓家は大へん粗末で小さく、その構造は手短に描写することができる。家屋は低い四つの壁からできていて、葦《よし》か藁《わら》の屋根で覆われている。床は家の中の後方で幾らか高くなっている。そして、そこにかまどがしつらえてあるが、ほかの部屋にはきれいな畳が敷いてある。開いている戸口には藁縄で編んだ蓆《むしろ》が、巻き上げ鎧戸《よろいど》の代わりに掛かっているが、これは出入りには支障なく、通りから中をのぞかれるのを防ぐためである。これらの家の中には、家具はほとんどなく、たまには鶏もいるが、子だくさんで、ひどく貧乏の様子である。けれども百姓たちはわずかの米や、野や森でとれるたくさんの根菜を貯え満足して暮らしている。

（『江戸参府旅行日記』）

家屋はいたってみすぼらしいが、百姓たちは満足して暮らしているとの観察である。子供たちの走り回る姿、鶏の鳴き声など、貧しくも活気に満ちた農家の風景が浮かんでくる。子供時代を長野県伊那谷《いなだに》や、静岡県浜松近郊の田舎で過した私などにはノスタルジックな風景だが、今の多くの若者たちには異文化の光景だろう。

山腹まで造成された田畑や屎尿《しにょう》の悪臭ただよう生活環境、農家の賑わいなど、異国人の記録した一、二の場面に限っても、どうやらこの社会は私たちの知識や経験からは測りがたい、いろいろな要素を内包した社会だったように見受けられる。

ツュンベリーたちの旅が、異文化社会としての近世日本への空間的移動だったとすれば、私たちは現代社会から時間的移動を経て近世農村へと向かうことになる。異国人に負けない新鮮な観察眼を持ってこの世界に接近することにしよう。

目　次

第一章　村の景観

1　村絵図を読む

一枚の村絵図

近世の村の様子を概観しようとした時、その村の明細帳《めいさいちょう》や村絵図《むらえず》が保存されていると大変にありがたい。村明細帳とは、現在の自治体の市勢要覧などに類するもので、村内の家数や耕地面積、産業などを書き上げた帳面であり、村絵図はその名のとおり、村のエリアを俯瞰《ふかん》して描いた絵図である。提出先の藩政史料として残る場合と、村の控えとして庄屋文書《しょうやもんじょ》・区有文書など村の古文書に含まれる場合があるが、いずれにしてもこれらが残っていると、村の姿をリアルに復元できる。

そんな村の一つに、もしかすると、江戸参府の行き帰りにケンペルやツュンベリーの眼に映ったかもしれない村がある。近江国甲賀郡《おうみのくにこうか》の水口宿《みなくちしゅく》(水口城下、現滋賀県)に程近い、家数一〇〇軒余、人口三七〇人ほどからなる酒人村《さこうど》である。平野部にあって稲作農業を主な生業とするごく普通の村である。まずは、近世村の一例として近づいてみたい。

図1－1は天保《てんぽう》年間(一八三〇～四四)に、領主の水口藩に提出された酒人村の絵図である(原

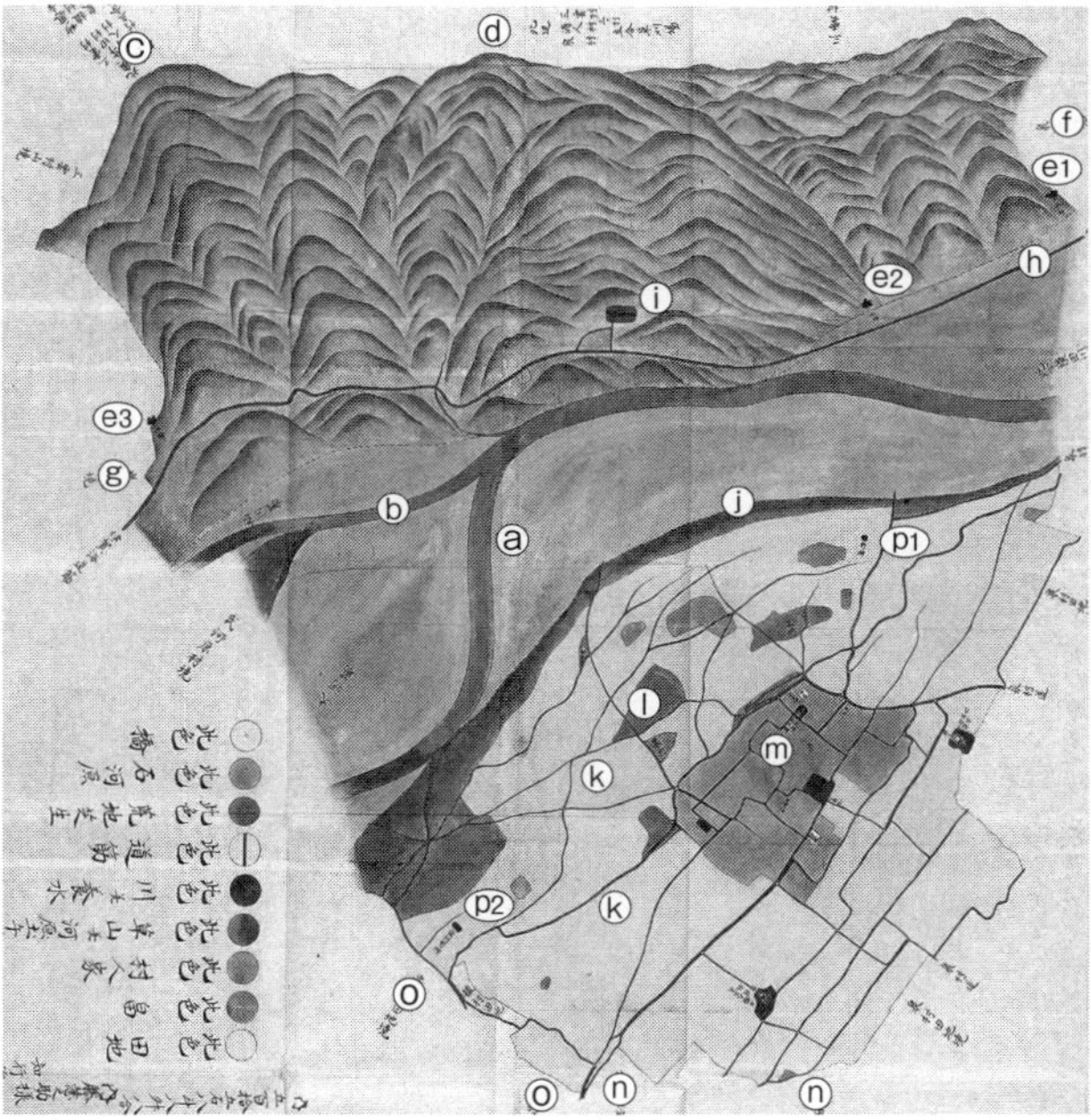

図 1-1　酒人村の村絵図 1(江州甲賀郡酒人村粗絵図，滋賀県歴史的文書，滋賀県所蔵)

図はカラー)。高度一〇〇〇メートル位からだろうか、上空から村の全体を俯瞰することができる。安永《あんえい》七年(一七七八)に作成された明細帳(酒人区有文書、山中悟家文書)も参照しながら、以下、やや詳しく眺めることにしよう。

村の中央を二本の河川が合流しながら北流している(図の右が北)。南東部からの流れが横田川《よこたがわ》(野洲川《やすがわ》。図中記号ⓐ)で、これに南西部から流れ込むⓑ杣川《そまがわ》が合流する。村域は手前東側の集落・耕地エリアと、川向うの山のエリアに広がる。

山のエリアから見ていくと、こちらは尾根と谷が重なりあう景観である。明細帳には、村山は「東西四町余・南北一一町余(約四三・六ヘクタール) 松林」「東西二五〇間《けん》・南北一〇〇間(約八二六アール) 草刈り場」と記すから、当時この山はほとんどが松林だった。

ただし、絵図には村山の峰付近二カ所に注記があり、この奥側に、村々立合い(入会《いりあい》)の草刈り場があると記す。

南西部の注記ⓒ　この奥　三雲《みくも》村、妙感寺《みょうかんじ》村、宇田《うった》村、植《うえ》村、酒人村、泉《いずみ》村、右六カ村立合い草刈り場

西部の注記ⓓ　この辺　三雲村、酒人村、泉村、立合い草刈り場

ⓒは東西一〇町・南北一二町(約一一九ヘクタール)、ⓓは東西三〇町余・南北二〇町余(約五九五ヘクタール)の広さである。つまり、西部エリアは、図示された松林の村山と、その奥の広大な草山が重畳する山地空間だった。なお、明治初年の記録によれば、奥山の一部は「禿赭《とくしゃ》して山骨《さんこつ》をさらす」はげ山になっているとあるから(『甲賀郡志　上』)、草山の一部には荒廃した

箇所も生じていた模様である。

山の麓付近をみると、三カ所に「山神《やまのかみ》」(ⓔ1〜3)が配置されている。北部のⓕ「泉村山境」近くのⓔ1と、南部のⓖ「岩坂《いわさか》村境」近くのⓔ3は、村境を示す目印のようでもある。山を守り、山仕事の村民を守護する山神は女神で、近畿地方では杉か松か檜《ひのき》を御神体にすることが多かった。正月にはこの木の前で、男手により山神祭りが催される。

考古学の成果を参照すると、村山一帯は、六・七世紀築造の円墳《えんぷん》が二〇〇基も集中する古代人の埋葬地だった。穹窿《きゅうりゅう》天井という横穴式石室の構造から推測して、被葬者は渡来系の人々だろうとされる(『甲賀市史 5』)。

山裾を南北にⓗ「伊賀《いが》海道筋《かいどうすじ》」が走っている。南にたどれば柚川に沿って伊賀国《いがのくに》(現三重県)へ、北上するとすぐ先で東海道《とうかいどう》に合流する。明治の史料には道幅二間(約三・六メートル)とある。この付近の東海道は二間五尺(約五・二メートル)幅だったから、それよりかなり狭い。

街道に近い山中には、延暦《えんりゃく》年中(七八二〜八〇六)伝教大師《でんぎょうだいし》(最澄《さいちょう》)開基と伝えるⓘ山寺がある。牛馬の守護寺としても知られる天台《てんだい》宗の古刹園養寺《こさつおんようじ》で、本堂と庫裏《くり》は葛屋《くずや》(草葺き屋根)で、瓦葺きの撞鐘堂《つきがねどう》と薬医門《やくいもん》がある。

西部と東部を区切る横田川には、橋は掛けられていない。通常は園養寺付近から歩いて渡り、水量の多い冬から春には「竹橋」を掛ける、と明細帳にある。

田畑が広がる

さて、川東の河原にはⓙ土手が描かれている。この図ではわかりにくいので、別の村絵図で確認すると、これは、耕地と集落を水害から守る水防施設(川除《かわよ》け)で、河原側に大石と蛇籠《じゃかご》を並べ、その内側に堤防を築いて松や竹を植えている。

> 川除け普請《ふしん》。少々の義は毎年百姓ども自普請《じふしん》つかまつり候《そうろう》。大破の節は御地頭《おじとう》様より竹木代、人足扶持米《にんそくふちまい》とも、往古より頂戴つかまつり候。

(以下、本書では、理解しやすい史料についてはこのように読み下し文で示し、難解な史料は現代語に翻訳して示す。)

こう明細帳の説明にあるように、少々の工事は毎年百姓たちが自費で行い、大きく破損した場合には地頭(領主)から土木材料費や人夫賃が支給された。のちに触れるように(第三章3節)、近世領主の大きな特色は広域の水利土木事業の推進にあった。

堤防の内側には、ⓚ「田地」とⓛ「畠」、そして中央部にⓜ「村人家」が広がる。耕地のほとんどは水田で、稲刈り後は、冬から春にかけて麦や菜種《なたね》が作られる。一方、畑では夏は大根と菜、冬は麦が栽培された。

東部のⓝ「植村田地境」とⓞ「宇田村田地境」から幾筋もの水路が流れ込む。東部の植村方面から入る流れは、川上の水口《みなくち》美濃部《みのべ》村で横田川から取水された綾井《あやゆ》用水（二の井《ゆ》）で、水下の広域を潤す。一方、東南部の宇田村方面からは、野上井《のがみゆ》用水と前田用水が流入する。酒人村田地の三分の二が綾井によって、三分の一が宇田村からの用水で賄われた。いずれの水路も、おおもとの横田川取り入れ口には領主管理の伏《ふ》せ樋《ひ》（水門と埋設管）が作られており、この修復にも領主から普請銀《ふしんぎん》が下付された。

田地の二カ所に祀られた「野神《のがみ》」（ⓟ1、ⓟ2）にも注目しておきたい。「野神」は、野良《のら》仕事（農作業）や作物の実りの神であり、牛や馬を守る神でもある。祭りは田植えの頃や収穫の秋に、御神体の石仏や自然石の前で執り行われる。

集落のなかへ

集落のなかを歩いてみよう。図1－1の高度からだと、見分けられるものは限られているが、幸い区有文書のなかに、より低い目線で村内を描写した村絵図があるので、こちらを案内図にする（図1－2）。

集落は竹藪・塚・水路などで囲まれており、全体が一つの砦《とりで》のごとくである。第二章で触れ

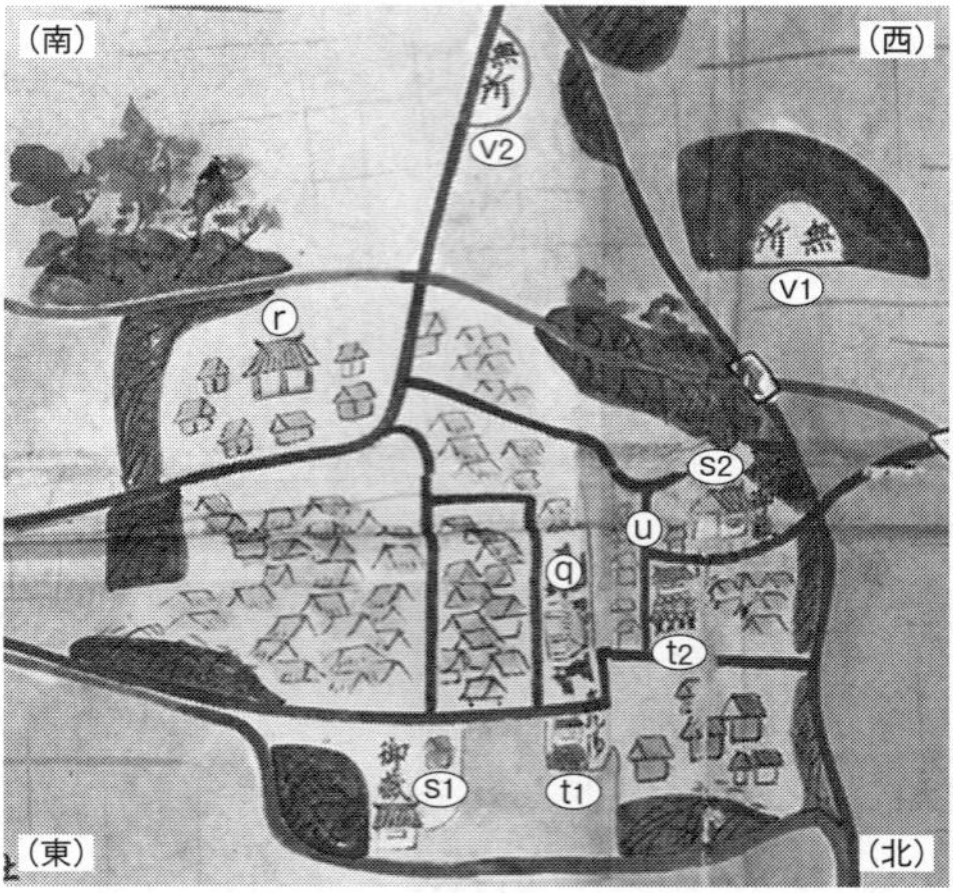

図 1-2　酒人村の村絵図 2(酒人区有文書)

るが、戦国時代、甲賀郡一帯は地元の侍衆《さむらいしゅう》が集団となって君臨しており、彼らの居館や城があちこちにあった。酒人村は城を持たない百姓主体の村だった模様だが、砦のような集落の佇《たたず》まいは、日々臨戦態勢にあった時代の雰囲気を受け継ぐかのようである。

集落には村民百姓たちのたくさんの人家が立ち並んでいる。明細帳から家数や人口など関係記事を列挙すると、

- 家数一〇一軒。人数合わせて三七八人、うち男一八三人、女一九一人、僧四人。
- 大工四軒。大鋸《おが》(製材業者。木挽《こび》きに同じ)一人。牛四六疋、馬一疋。
- 農業のほかに、男は藁筵《わらむしろ》織り、日用《ひよう》(日雇い)稼ぎ、または木挽きに罷《まか》り出る。女は賃仕事として苧《からむし》(麻糸)を績《う》む。木綿《もめん》も着用ほど紡ぐ。

家数一〇〇軒ほどで人口三〇〇人台という数字は、この地域の平野部の村としてはやや大きめの規模である。比較のため近隣村の様子を、牛馬数や農業以外の職種とともにあげてみる。

- 泉村　一五三軒、七九七人。大工一、木挽き九、桶屋一、鉄砲打ち一、猟師四。馬二〇疋、牛二八疋。
- 氏河原《うじかわら》(宇治河原)村　一〇八軒、五〇〇人余。大工二、木挽き二八。牛六三疋。
- 東内貴《ひがしないき》村　四三軒、二〇九人。木挽き四。牛一八疋。
- 北内貴《きたないき》村　六〇軒、二七六人。木挽き一四、牛馬喰《うしばくろう》二、牛医《ぎゅうい》一。牛二五疋。

(氏河原村は享保《きょうほう》六年〈一七二一〉、それ以外は正徳《しょうとく》二年〈一七一二〉の数値)

どの村にもたくさんの大工や木挽きがいるが、これは、この地方が古くから「甲賀の杣《そま》」と呼ばれた材木供給地だったことに関わっている。彼らは、今は京都の大工頭《だいくがしら》中井家の大工組に編成され、京都の天皇の御所などの普請にも駆り出される腕利き職人たちである。しかし、彼らもまた、多くの農業民と同様に村の構成員であり、村の百姓数のなかに入っていた。泉村の桶屋や猟師、北内貴村の牛馬喰や牛医も同様である。

「百姓」とは

近世社会で「百姓」という場合、二種類の意味合いがあった。一つは村のエリアに居住する住人(宗門人別改帳《しゅうもんにんべつあらためちょう》、家数《いえかず》人数改帳などに登録されている)を指す場合、もう一つは農耕に従事する者を指す場合である。右の明細帳に即していえば、「泉村百姓屋敷一五三軒」という時の「百姓」は村に住む住人の意味であり、このなかには大工も桶屋もみな含まれる。

これに対して、同じ明細帳で「猟師四人、これは百姓つかまつり候あいだの挊《かせぎ》(稼ぎ)に川の猟つかまつり候」などと記す場合の「百姓」は、農作業ないしは農業従事者を内容としている。前者が居住域を指標に空間を区分する「村方《むらかた》(在方《ざいかた》)」の住人を指し、「町方《まちかた》(町人地)住人＝町人」「武家方(武家町)住人＝武士」などに対応する概念とすれば、後者は職種や技能を分類指標にする「士農工商」の「農」に相当するものだろう。

この関係を図にすると図1－3のようになる。職種・技能と居住域のワンセット形態を特色とする近世社会にあっては、「百姓＝村の住人＝農業従事者」であることを原則としたが、村によっては「百姓」のなかに商工業や林業漁業従事者を含むこともあったのである。本書では、村の住人でありかつ農業従事者である狭義の「百姓」を主役にしているが、村内には広義の

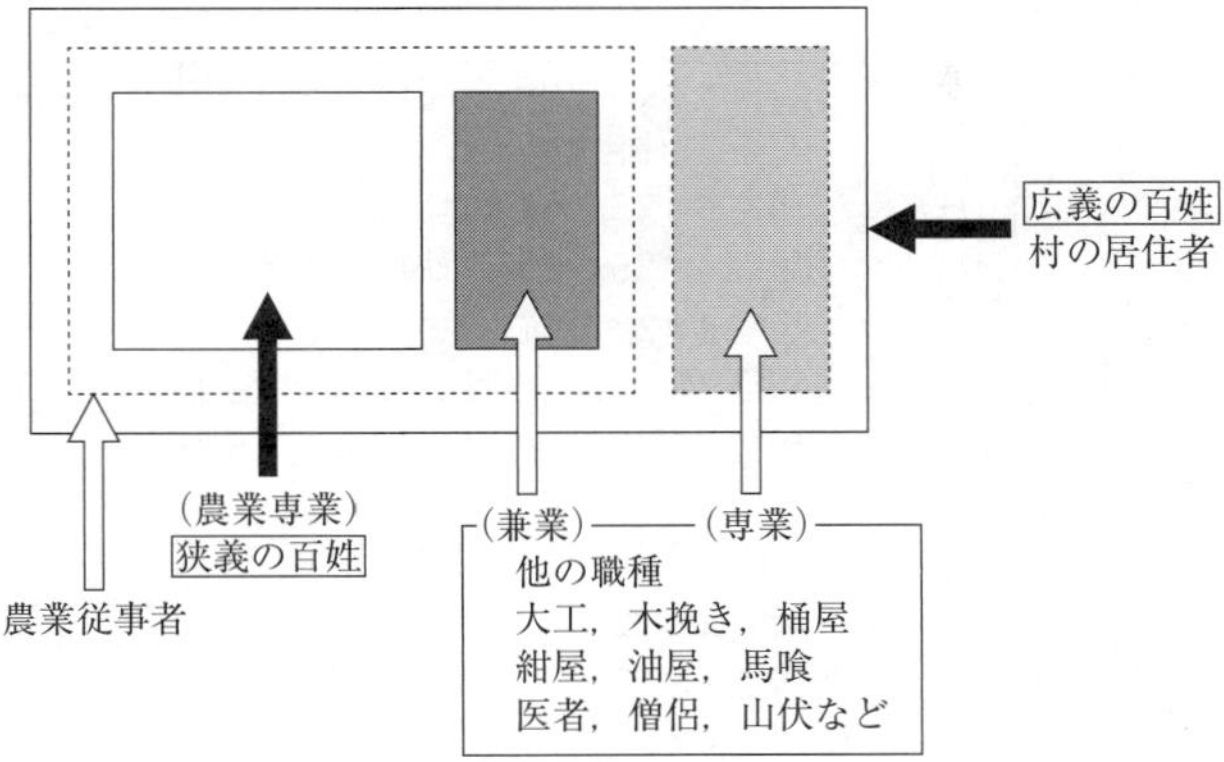

図1-3　百姓の定義

「百姓」も暮らしていたことを記憶に留めておきたい。

百姓家と牛馬

ところで、酒人村の百姓家については、たまたま、母屋《おもや》(居宅)と付属の建物の規模がわかる略図が残っており、十数軒分のデータが得られた(表1-1)。安永五年(一七七六)に発生した火事で、不幸にも被災した家々である。これによれば、同村の住宅形態は大きく二つに区分できる。居宅に加えて物置、土蔵等の付属建物を持つグループと、居宅のみのグループである。前者のなかでも一番大きい①の居宅は一六・五坪(約五四・五平方メートル)を有する。この規模だと恐らく間取《まど》りは、牛部屋付きの土間と座敷四部屋からなる造りだったと推測される。同家はほかに物置、土蔵、さらには別棟の座敷まで備えている。当主は、⑬とともに村の庄屋を勤めているから、同村にあってもっとも上位の家柄だったとみられる。

表 1-1　百姓家の規模(酒人区有文書より)

①居宅 5.5×3，物置 2×1.5，土蔵 2.5×2，座敷 4.5×2 (庄屋の家)
②居宅 5×2.5，小屋，土蔵
③居宅 4×2.5，土蔵，小屋，物置
④居宅 4×2，物置 3×2
⑤居宅 3.5×2.5，物置 2×1.5，小屋 3×2，土蔵
⑥居宅 3.5×2.5，物置，小屋 2×1.5
⑦居宅 3×2
⑧居宅 3×2
⑨居宅 2.5×2
⑩居宅 2×1.5
⑪居宅 2×1
⑫居宅 2×1
⑬居宅，物置，小屋 3.5×1.5，土蔵 (庄屋の家)

単位は間《けん》．1 間＝約 1.818 m．1 間×1 間＝1 坪＝約 3.306 m^2．類焼しなかった建物については間口・奥行の記載がない．

他方、⑦～⑫の下層グループは居宅のみからなる。間口《まぐち》三間の場合、間取りはせいぜい土間プラス二部屋程度だろう。間口二間・奥行《おくゆき》一間の⑪、⑫などは上層百姓家の物置にも及ばない。この二軒の持ち主がいずれも「後家《ごけ》」であることなどからすれば、居宅のみのグループは、上層百姓に従属的な位置にあったと推定される。比較的平準と見られるこの村にあっても、詳しく観察すると、そこにはかなりの格差のあったことがうかがえる。

集落内には牛四六疋と馬が一疋飼われていた。家数で割ると二軒に一疋に近い割合となる。牛馬は田畑の耕耘《こううん》や物資の運搬のみならず、厩肥《きゅうひ》製造にも欠かせない。賑やかな牛馬の鳴き声、厩舎《きゅうしゃ》の臭いは、村の世界を構成する重要な要素である。

さて、立ち並ぶ百姓家の間に寺、郷蔵《ごうぐら》、高札場《こうさつば》など、いくつか際立つ建造物がある。寺は集落中央北部に(q)持宝寺《じほうじ》、南部に(r)無量寺《むりょうじ》がある。いずれも本堂は葛屋で、天台律宗《りっしゅう》の持宝寺は村民の檀那寺《だんなでら》である。本尊の如意輪観音坐像《にょいりんかんのんざぞう》(鎌倉時代・重文)のほかに善光寺式《ぜんこうじしき》の阿弥陀如来《あみだにょらい》を安置することから、酒人善光寺とも呼ばれ、近隣にも知られていた。無量寺は川向かいの園養寺の末寺で、長保《ちょうほう》年中(九九九〜一〇〇四)恵心僧都《えしんそうず》(源信《げんしん》)開基という由緒を持つが、明細帳作成当時は無住だった。

寺と蔵と高札場

村有の郷蔵(倉庫)は、北東と北西の隅に建てられている(ⓢ1、ⓢ2)。年貢米や備荒用の穀物、祭礼用具などの保管庫として使われた。明細帳で規模のわかる北東側の郷蔵(ⓢ1)は、間口四間、奥行二間の草葺き屋根で、横に三間×二間の作業小屋(計り屋《はかりや》)が付属している。村に郷蔵が二つあるのは、当時、この村が水口藩と旗本内藤《ないとう》氏の二領主に分有される相給村《あいきゅうむら》だったことによる(相給村については第三章3節参照)。領主ごとに蔵があったのである。

寺や郷蔵と並んで高札場(ⓣ1、ⓣ2)も目に付く。ここには幕府の命じた法度《はっと》(法令)が板に墨書され掲示されていた。忠孝を奨める札、徒党禁止札など、高札の種類はいくつかあるが、どこでも中心は「バテレンを見つけた者には褒美を与える」と記したキリスト教禁止の高札だった。豊臣秀吉に始まるキリシタン禁令は、徳川政権においても「国是《こくぜ》」として継承された。

酒人村の場合もこの高札が掲げられていたと推測される。なお高札場が二カ所あるのは、郷蔵と同じ理由による。

西の郷蔵の横に村氏神《うじがみ》の山王権現《さんのうごんげん》のⓤ小祠《しょうし》がある。明細帳によれば、この宮は「当村中ばかりの氏神」で、八間×四間の境内にある三尺(約九〇・九センチメートル)×三尺五寸(約一・〇六メートル)の「こけら葺き」の社である。四月の二回目の申《さる》の日に神事が行われ、村民が参詣する。

ふつう、近世村では氏神は一村で完結することが多いが、酒人村の場合はこの村氏神のほかに、他村と共同の氏神社が二カ所あった。一つは植村・泉村と共同で祀る国中大明神《こくちゅうだいみょうじん》(植村に鎮座)であり、その外縁にもう一つ、北脇《きたわき》村以下一〇カ村という広域で祀る若宮八幡宮《わかみやはちまんぐう》(北脇村に鎮座)の世界があった。こうした氏神信仰圏の重層性は、当村が、かつて伊勢神宮領だった柏木御厨《かしわぎのみくりや》のなかの酒人郷の一集落だったことに由来する。柏木御厨全体の氏神が若宮八幡宮で、酒人郷限りの氏神が国中大明神だった。図からは外れるが、村内の東方および北方には国中大明神の分社が二つあり、東方の社は牛頭天王社《ごずてんのうしゃ》、北方の社は十禅師社《じゅうぜんじしゃ》と呼ばれていた。

最後に、墓地。酒人村では集落の外縁に二カ所ある(ⓥ1、ⓥ2)。「墓所」と書いてムショと読むこともあるが、ここでは初めから「無所」と記されている。村民が死去すると、遺体はこの墓地に葬られる。民俗調査によれば、この辺りでは、昔、葬式は夜に行われたという。出棺を知らせる寺の鐘が鳴り、松明《たいまつ》を先頭に白装束の野辺《のべ》送りの行列が棺を担いで墓地に向かう。

以上、村絵図から一つの村を概観した。江戸参府の途上、ツュンベリーやケンペルらが、近江国の水口宿付近で村道に迷いこんだとしたら、彼らはこんな世界を目の当たりにしたことになる。

2　村の形

民俗学者や宗教学者がわかりやすく村の概念図を描いている。かならずしも対象を近世に限定したものではないが、村の領域や村境に対する認識を扱っていることから、近世村の特色を見るうえでも大いに参考になる。

ムラとノラとヤマと

「村とは古くは宅地部分のみを指し、やがて田畑山野までを総括して村と称するようになった」と述べた柳田国男の説を継承しながら、「ムラの領域」を論じた民俗学者が福田アジオ氏である。彼は図1‐4のような三重の同心円図を描いて説明している。すなわち、村には三種類の領域があった。一番内側が、Ⅰ「民居の一集団」＝集落＝定住地としての領域＝ムラ、その外側に、Ⅱ「耕作する田畑」＝耕地＝生産地としての領域＝ノラ(野良)、そして一番外に、Ⅲ「利用する山林原野」＝林野＝採取地としての領域＝ヤマないしはハラ、の領域があるという。

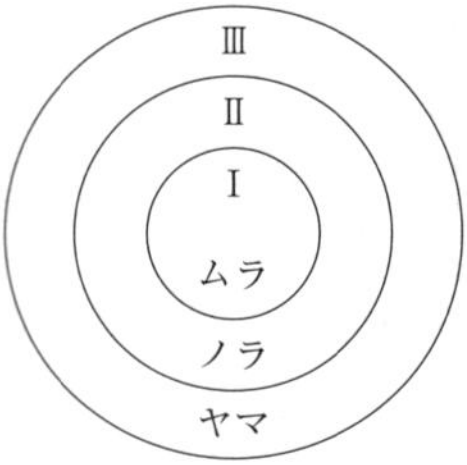

図1-4　ムラの領域の模式図(作成：福田アジオ)

先の酒人村の景観をこの福田図に照らし合わせると、山が川向うに偏っていることを除けば、ピッタリと対応する。私たちは酒人村を訪れるに際して、山から入り、ついで田畑、そして集落へと進んだのだったが、それは福田図をⅢ→Ⅱ→Ⅰの順でたどったことになる。

一方、村人の世界観・宇宙観という観点から、村の広がりを理念化した宗教学者に宮家準《みやけひとし》氏がいる。彼は「共同体の原風景」と題して、村の世界を図1-5のような複数円の連鎖として概念化した。こちらの図の特色は、木地師《きじし》・鋳物師《いもじ》・修験《しゅげん》の活躍するオクヤマ(奥山)・ダケ(嶽)や、原野・都市など、福田図の三重円の外側までも描く点にあるが、これは福田氏が村境をテーマにしたのに対し、宮家氏の場合、関心がより強く村外の異界に向いていたことによる。

酒人村の景観・立地は、この宮家図にもよく合致する。村絵図の範囲は宮家図のサト、サトヤマ、ノのエリアに対応しており、氏神や寺、山神(山宮)、野神(野宮)の位置も適合的である。

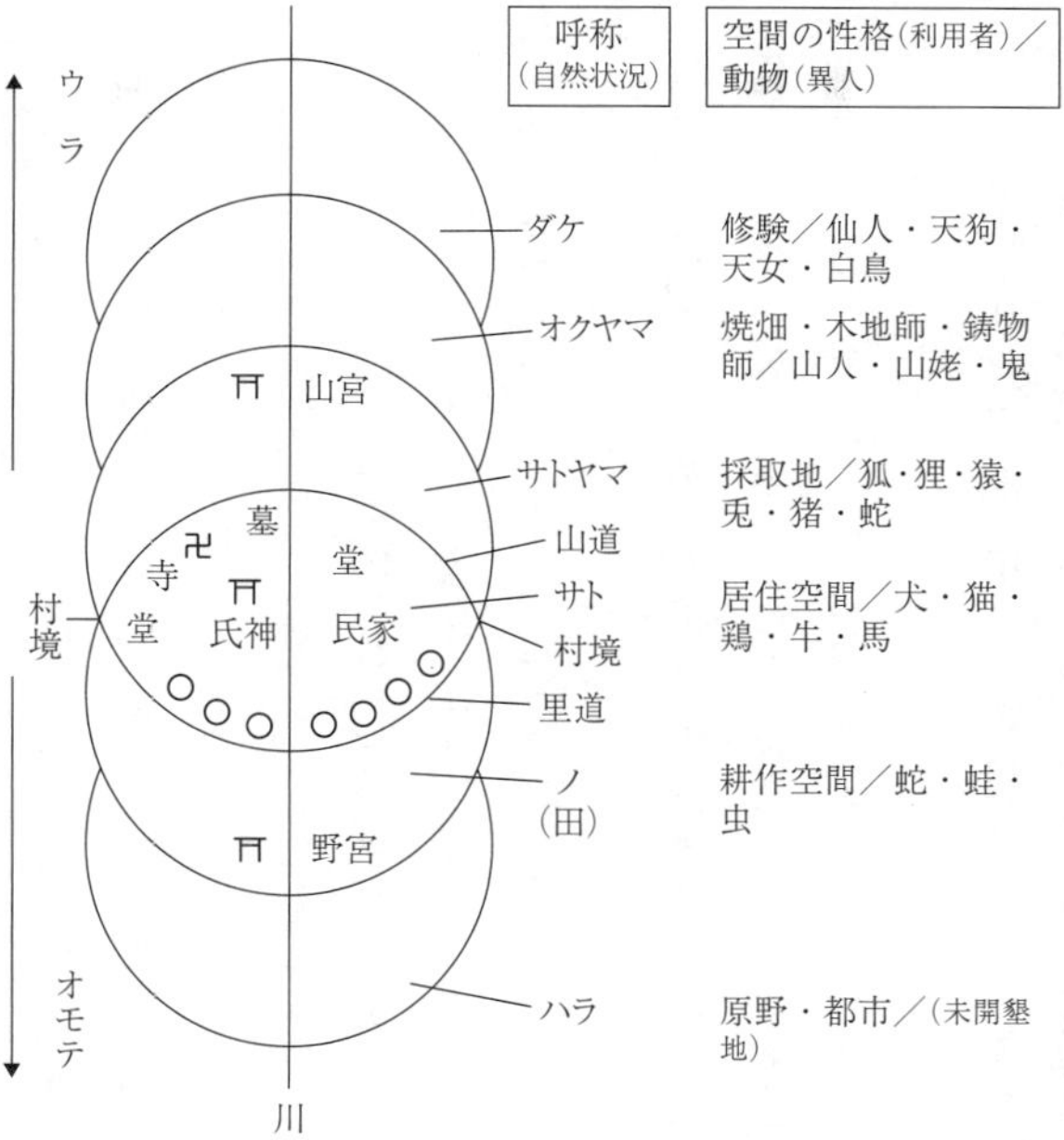

図1-5　共同体の原風景（作成：宮家準）

村山の外側に広がっていた入会山も宮家図のサトヤマの範疇に入るだろう。

図1－1の村絵図の範囲からは外れるが、酒人村の上空から四方を眺めたとすると、南西の方角には屹立する修験の山・飯道山《はんどうさん》が遠望される。宮家図にいうダケの世界にあたる。また、東方、三カ村ほどを隔てた先にはハラに含まれる水口の町が見はるかされる。

川の流れ方と山の位置を修正すれば、酒人村は宮家氏の「共同体の原風景」にも当てはまる。

酒人村は福田図や宮家図のお手本のような村だったが、現実にはいろいろな形の村があった。福田氏自身、三重円の概念図を示したあとで、ムラ・ノラ・ヤマが帯状に配置される新田《しんでん》村や、谷筋に立地する楕円形の村、ムラが散村や小村の形をとる場合などの事例をあげている。福田氏に倣《なら》って、個性的な村を三つほど紹介しよう。

畑作の村

一つ目は、富士山の裾野北麓で畑作と林業を生業《なりわい》にする甲斐国都留《かいのくにつる》郡新屋《あらや》村(現山梨県)である。文化《ぶんか》三年(一八〇六)に描かれた村絵図を見てみよう(図1-6)。

画面の半分以上を占める富士山が圧巻である。山頂から山麓に向かっては、三筋の「から堀」(水路)が描かれている。ここを雪解け水が流れ落ちる。南部と北西部には「丸尾」と呼ばれる溶岩流がみえる。

ムラ(サト・集落)は絵図の下方、山裾を左右(南北)に走る街道(鎌倉往還)に沿って整然と家々が建ち並ぶ街村形態である。絵図と同じ年に書かれた明細帳によれば、家数は一三五軒、人口は五五二人とあるから、酒人村に較べ少し大きい。馬が三〇疋飼われ、醬油作りの家も一軒ある。

この村を紹介した『都留《つる》市史　資料編2』から抜き書きしてみよう。新屋村の一番の特色は、中心部で海抜八五〇メートルという高海抜や溶岩流混じりの土質といった条件から、耕地のす

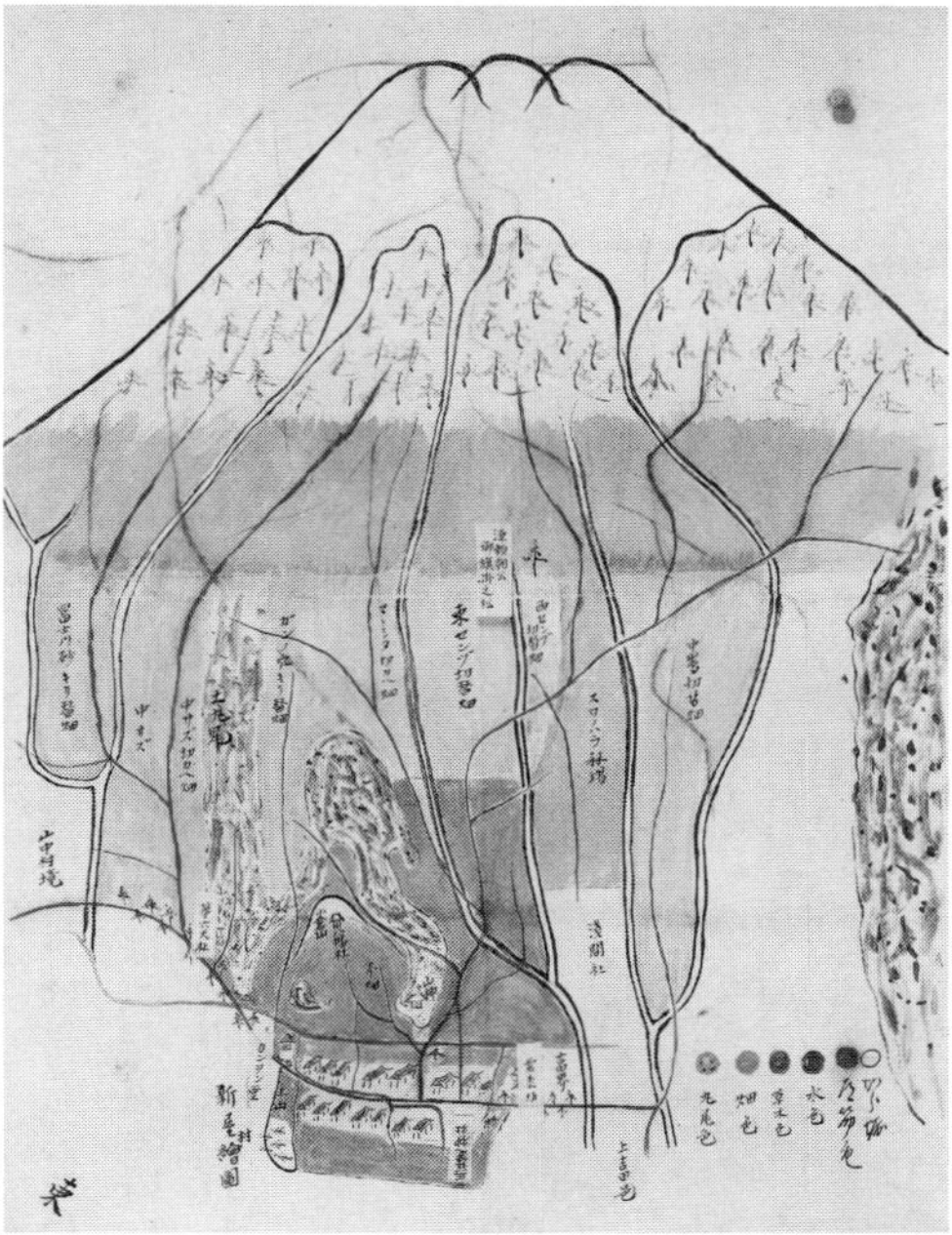

図 1-6　甲斐国都留郡新屋村の村絵図

べてが畑地だったことである。ここでは粟《あわ》・稗《ひえ》・大豆・小豆《あずき》・大麦・小麦・蕎麦《そば》などの畑作物が栽培されており、外気より水の方が温かいことから、水を流して麦を育てる「水かけ麦栽培法」という工夫もあった。

本畑より一段上の高地には、道や水路で区切られた多数の縦長の切替え畑(焼き畑)が並んでいる。森林を伐採・焼却した畑地で一定期間粗放な農作を行い、地力が衰えると休閑する切替え畑は、この村のノラの重要部分を占めている。そして、この切替え畑と一部混在しながら森林地帯にまで帯状に広がる秣場《まぐさば》では、馬の飼料や厩肥・刈敷《かりしき》(肥料に用いた草や木の葉)の原料となる柴草が採取された。

山麓村落という条件を活かし、村では森林地帯を稼ぎ場とする林業が盛んであり、森林は麓の村々の入会となっていた。伐採した木材は販売用の屋根用材などに加工する。そもそも「新屋」の村名が示すように、この村の始まりは、杣稼ぎの人々が便利な街道沿いに転住したことに端を発していた。文禄《ぶんろく》年間(一五九二～九六)に一村として独立したという。

この新屋村の形を、先の福田図や宮家図に対比させると、合致する部分としない部分がある。富士山頂はダケ、森林地帯はオクヤマ、秣場はサトヤマに対応し、ムラもノラも揃っている。しかし、ノラが畑地だったことや、オクヤマまでも村民の生業エリアだったところはこの村の個性である。もちろん、日々、富士山を仰ぎ見られるという羨ましい立地条件も個性の一つに付け加えねばならない。

なお、この村絵図作成の一〇〇年ほど前、宝永《ほうえい》四年(一七〇七)一一月、この山は大噴火を起こしていたが、そのことは第五章で触れることにしよう。

複数集落の村

酒人村も新屋村もムラは一つだったが、複数のムラから構成される村もあった。琵琶湖に注ぐ日野川中流域の丘陵地帯に位置する近江国蒲生《がもう》郡中山《なかやま》村(元禄郷帳《げんろくごうちょう》で村高《むらだか》

表 1-2　近江国蒲生郡中山村の明細

項目	西　谷	東　谷	徳谷(出屋敷)
寺	光明院，観音堂(焼失)	隆讃寺，観音堂	―
宮	稲荷	山王宮	槻観宮
郷蔵	9 尺×3 間	2 間×4 間半	1 間半×2 間半
参会堂	2 間×4 間半	2 間半×4 間	2 間半×3 間
家数	39 軒	62 軒	17 軒
人数	169 人	279 人	61 人
牛(馬)	11 疋	19 疋(馬 3 疋)	5 疋
庄屋給	9 斗 6 升(もと 1.6 石)	1 石(もと 2 石)	0.375 石(もと 0.624 石)

一五八八石余)は、そうした村の一つである(『近江日野の歴史3』)。同村は、東谷《ひがしだに》・西谷《にしだに》・徳谷《とくだに》・川田《かわた》の四つのムラから構成されていた。このうち東谷・西谷・川田は天文《てんぶん》一四年(一五四五)の史料に「中山東谷、中山西谷、中山里《さと》」とあるように、歴史は中世に遡る。一方、「徳谷(出屋《でや》敷《しき》)」は近世に入り新しく作られた新田村落である。承応《じょうおう》元年(一六五二)にムラ造りが始まり、五年後の明暦《めいれき》三年(一六五七)に検地を受けて、二〇八石一升七合の石高《こくだか》が算出された。当初は「出屋敷」と呼ばれ、その後「徳谷」と称するようになる。

四ムラはそれぞれ別の場所に居住域を作り、領主である旗本関《せき》氏の支配もムラを単位に行われた。村役人もムラごとに設置され、触書《ふれがき》の通達も年貢徴収もムラ単位だった。

三つのムラについて記した明細帳から主な項目を拾い、表1-2に示した。ムラ単位で宗教施設や参会堂(集会所)、郷蔵を持つなど、それぞれが独立度の高い共同体として機能している。この帳面に記載のない川田ムラも同じ形だったと推測される。

このような分村状態にもかかわらず、何故それぞれではなく、全体でひとまとまりの一村だったのだろうか。その理由としては、各ムラ住人の所持地が村域全体に入り交じっていたことや、一村として共有の山を持っていたことがあげられる。

住人の所持田畑の混在状態は、検地帳《けんち》の記事からよくわかる。たとえば、明暦三年の中山村検地帳に記された四枚続きの一区画でいうと、そのうちの一枚は川田ムラの庄左衛門《しょうざえもん》の所持地だが、隣の二枚は徳谷の次郎兵衛《じろべえ》、さらにその隣は東谷もしくは西谷の助兵衛《すけべえ》の所持地なのである。このように、各ムラ住人の田畑は入り交じっていた。

牛馬の飼料や燃料の薪《たきぎ》の供給地として、また、刈敷肥料用の草柴取得地として不可欠の山が、全村民の共同所有・共同利用だったことも、四ムラ一村の理由だろう。正徳二年(一七一二)から享保八年(一七二三)にかけて、中山村は隣村の上麻生《かみあそう》・下《しも》麻生村と山争いをするが、中山村四ムラは住人一致団結して訴訟に臨んでいる。また、寛政《かんせい》二年(一七九〇)、中山村が三十坪《みそつ》村、増田《ました》村と行った山争いの絵図にも、「中山村領山」という表記がみられる。

ムラは異なるものの、農業生産の基本をなすノラやヤマについては一体性を持っており、この点で中山村住人は強い結合関係にあった。独立性と一体性の複合がこの村の個性である。

芸能の村

ところで、中山村の四ムラの一つである川田ムラは、他と異なり差別的待遇を受けることがあった(『近江日野の歴史 3』)。このムラの歴史を遡ると、住人はかつてこの地に栄えた金剛定寺《こんごうじょうじ》の「浄《きよ》め法師」(不浄を除去する僧侶)の集団だったという伝承がある。その後、蒲生《がもう》氏が当地の領主として君臨した時代には、同氏に藺草《いぐさ》で作った草履《ぞうり》を献上し、また芸能集団として「春鍬打歌《はるくわうちうた》」や「万歳歌《まんざいうた》」などの祝い歌を歌ったともいわれている。蒲生氏が伊勢国(現三重県)に転封になった天正《てんしょう》一二年(一五八四)の翌年からは、草履は蒲生郡総鎮守の綿《わた》向神社《むきじんじゃ》へ献上され、宮司が祭礼で履くようになった。

生産活動の活発化と分業の発達のなかで、中世後期には川田ムラのような芸能・技能集団の村落が各地に生まれたが、それらの多くは、近世にはいると皮革製造の村を始めとして差別的な待遇を受け、多くの場合、本村《ほんそん》(親村)に付属する枝村《えだむら》(子村)の位置に置かれるようになった。中山村の川田ムラも、京都町奉行所管轄の事業に際しては賤民《せんみん》呼称が用いられ、また領主関氏の領地村々の序列では一四カ村の末尾に置かれるという差別的な扱いを受けた。

ただし、同村は、独自の村役人組織を持ち、また納税業務も直接行うなど、他地域の賤視された村々に比べより強い独立性・自立性も獲得していたから、明治に入るとそうした力量を背景に、同村は中山村から分離し、独立した一村となる。

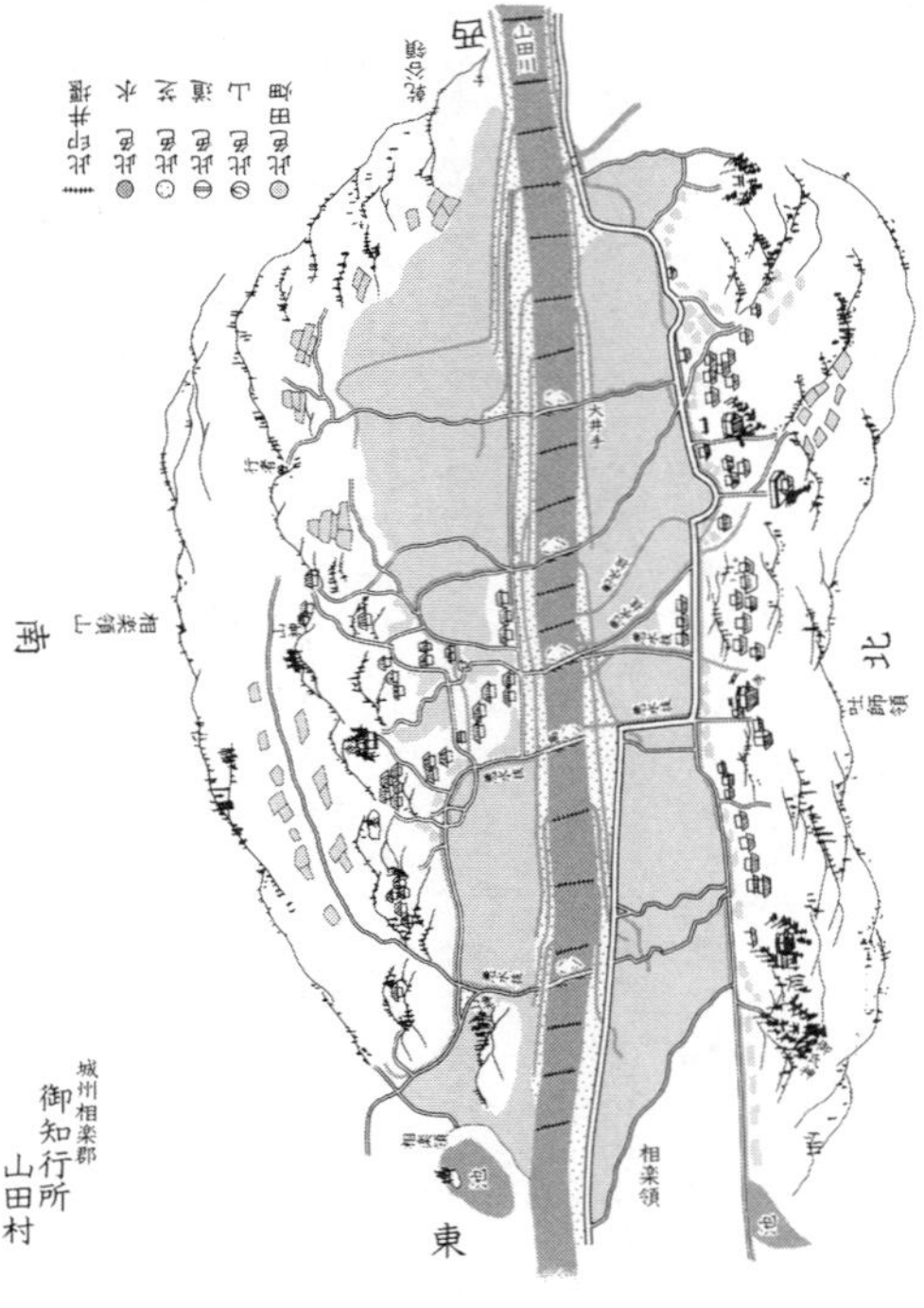

図1-7　山城国相楽郡山田村の村絵図

散居型

ムラの形という点では、百姓家の何軒ずつかが村内に点在する散居型の村もあった。山城国《やましろのくに》の南部、現在の学研都市に東接する山田川沿いの相楽《そうらく》郡山田《やまだ》村(現京都府)がこの形を採っている。

図1－7をみてみよう。この村は、村の形それ自体が個性的である。すなわち、木《き》津《づ》川《がわ》支流の山田川流域という立地条件に合わせて、村域は川を挟んで南北両エリアにそれぞれムラ、ノラ、

ヤマが広がる形をとっている。都市研究では、道を挟んで作られた一町内を「両側町《りょうがわちょう》」と名付けているが、それに準《なぞら》えていえば、この村は川の両側に展開した「両側村」である。中心線の山田川の川中には、井堰《いせき》が一七カ所ほど敷設され、両エリアに農業用水を供給している。各エリアのムラの形も、これまでとはかなり異なるあり方である。すなわち、村民の家々が小グループに分かれて山裾を中心に散在している。子細に眺めると、北エリアと南エリアで家々の並び方に少し違いがあるが、散居的・分散的な傾向は同じである。

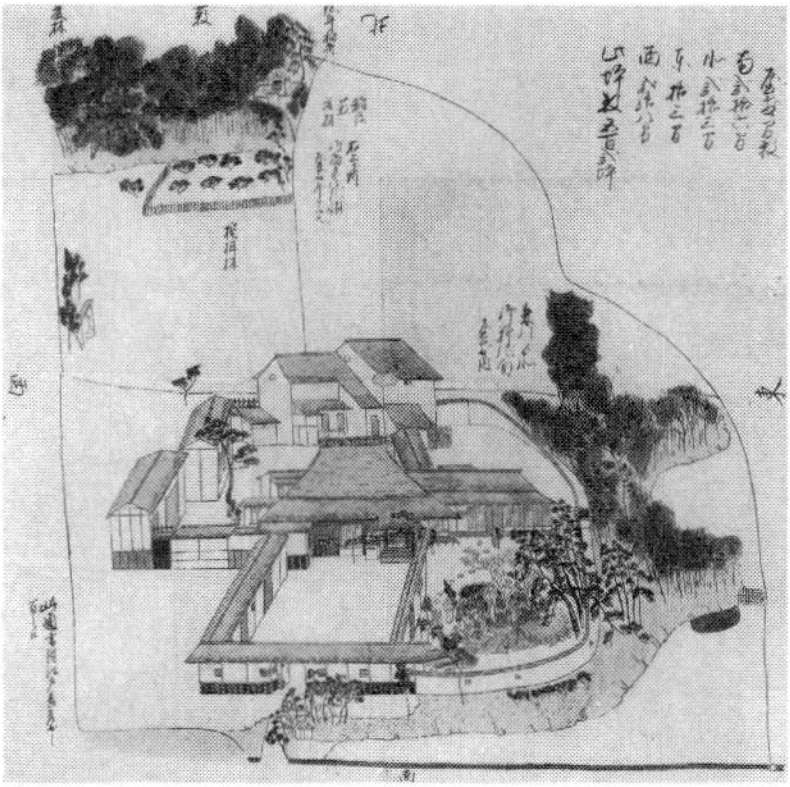

図1-8　福井家住宅

ところで、この村については、特色の一つとして、百姓家に交じって武士身分の大きな家のあったこともあげておきたい。村に暮らしながら武士身分に所属する在地《ざいち》代官《だいかん》福井氏の家屋敷である。図1－8に示した同家の屋敷図によれば、東部から南部にかけての屋敷廻りには土塁と塀がめぐらされ、入口は門《もん》屋《や》を持つ立派な門構えである。母屋内部の間取りはわからないが、母屋の大屋根や中庭に面した座敷の様子からして、かなりの部屋数が想像される。西部から北部にかけて母屋を囲う土蔵も五棟を数える。屋敷地は五〇二坪にのぼり、北の隅には蜜柑《みかん》林や家の鎮守の稲荷社もあった。

同家は、地元の山田村に暮らしながら、代々領主である江戸の旗本大岡氏の家来に取りたてられた武士の家であり、山田村を含む山城国内の領地管理を担当していた。もちろん扶持米《ふちまい》（家臣としての給付米）も支給されている。近世社会では、武士は城下町に居住することが原則だったが、このように遠隔地領主の支配を補完する在地代官の形で、あるいは藩によっては郷士《ごうし》という形で武士身分の者が在村することもあった。山田村は、散居型両側村という特色に加えて、在地代官の住む村という点でも個性的である。

3　郷帳・国絵図の村

村　数

酒人村、新屋村、中山村、山田村と、それぞれに特色を持つ村を四つ眺めたが、いったい日本全国でこうした村はどのくらいの数があったのだろうか。

表1-3は天保年間（一八三〇〜四四）に存在した全国の村の数を国ごとに示した一覧表である。徳川幕府は国政を担った二百数十年余の間に、全国の村を対象にした調査を四回行い、村

名と村高《むらだか》を国単位に書き上げた郷帳《ごうちょう》を作成した。同表は天保五年(一八三四)に出来上がった四回目の郷帳のデータである。

これによれば、琉球国《りゅうきゅうのくに》の七一カ村も含め、全国で村数は六万三五六二カ村にのぼった。村数がもっとも多いのは越後国《えちごのくに》で四〇五一カ村。武蔵国《むさしのくに》三〇四二カ村がこれに続く。ほかに一〇〇〇カ村を越える大国は、大和《やまと》、伊勢《いせ》、近江、播磨《はりま》、紀伊《きい》など二五カ国。他方、最少は壱岐国《いきのくに》の五〇カ村、ついで志摩国《しまのくに》の五六カ村である。

米の単位で表された各国の石高と、一カ村あたりの平均村高もみておくと、この時点で全国の総石高は三〇五五万石余だった。武蔵国を筆頭に、越後、常陸《ひたち》、近江と続いている。平均村高はおよそ四八一石となる(米一石が約一五〇キログラムとして七二トン三〇〇キログラム)。

なお、全国と較べた時、周防《すおう》・長門《ながと》二カ国の平均村高が飛び抜けて大きく、薩摩《さつま》、琉球もかなり上回っているが、それは、これらの国々では複数の村を合わせたまとまりを「村」と呼んだという事情による。また、対馬国《つしまのくに》の石高欄が無記載なのは、日朝外交を担当した領主宗《そう》氏に対する特別待遇のためだが、同国の村々も検地で算出された「蒔高《まきだか》」と呼ばれる村高を持っていた。

幕府は郷帳と並行して国絵図《くにえず》の作成も命じたが、この絵図からも近世の日本列島が村の集合体だったことがよくわかる。

国絵図の村

一例として、天保年間に作成された近江国の国絵図のなかから、先述の甲賀郡酒人村付近を拡大してみよう(図1-9)。水口城下町を含む「水口美濃部村」と「水口古城廻《こじょうまわり》」だけは四角で枠取りされているが、それ以外は小判型の楕円内に「〇〇村、高〇〇石余」と村名・石高(村高)が表示される形である。酒人村は「酒人村　高五百九拾八石余」とある。ざっと見渡したところ、この辺りでは五〇〇～六〇〇石台の村が多い。

国名	村数	石高	平均村高
備前	673	416,581	619
備中	484	363,915	752
備後	494	312,054	632
安芸	436	310,648	712
周防	152	489,428	3,220
長門	150	404,853	2,699
中国計	5,340	3,442,807	645
阿波	455	268,894	591
讃岐	377	291,320	773
伊予	955	460,997	483
土佐	1,076	330,026	307
四国計	2,863	1,351,237	472
筑前	901	651,782	723
筑後	710	375,588	529
豊前	677	368,913	545
豊後	1,473	417,514	283
肥前	1,400	706,470	505
肥後	1,116	611,920	548
薩摩	258	315,005	1,221
大隅	230	170,833	743
日向	483	340,128	704
壱岐	50	32,742	655
対馬	140	(高ナシ)	—
琉球	71	123,711	1,742
九州・琉球計	7,509	4,114,606	548
総計	63,562	30,559,877	481

(作成：木村礎)

表1-3　天保郷帳による国別村数・石高と平均村高

国名	村数	石高	平均村高	国名	村数	石高	平均村高
磐城	963	613,924	638	加賀	768	483,665	630
岩代	1,305	755,703	579	能登	666	275,369	413
陸前	702	697,838	994	越中	1,376	808,008	587
陸中	537	424,134	790	越後	4,051	1,142,555	282
陸奥	1,012	383,637	379	佐渡	261	132,565	508
羽前	1,204	804,569	668	中部計	17,768	7,175,013	404
羽後	1,239	490,753	396	山城	477	230,131	482
東北計	6,962	4,170,558	599	大和	1,354	501,361	370
相模	671	286,719	427	河内	545	293,786	539
武蔵	3,042	1,281,431	421	和泉	320	172,847	540
安房	280	95,736	342	摂津	955	417,399	437
上総	1,194	425,080	356	伊賀	182	110,096	605
下総	1,623	681,062	420	伊勢	1,325	716,451	541
常陸	1,723	1,005,707	584	志摩	56	21,470	383
上野	1,217	637,331	524	近江	1,516	853,095	563
下野	1,365	769,905	564	丹波	880	324,136	368
関東計	11,115	5,182,971	466	丹後	388	147,614	380
尾張	1,008	545,875	542	但馬	623	144,313	232
三河	1,292	466,080	361	播磨	1,796	651,964	363
遠江	1,094	369,552	338	紀伊	1,337	440,858	330
駿河	780	250,538	321	淡路	251	97,164	387
伊豆	284	84,171	296	近畿計	12,005	5,122,685	427
甲斐	769	312,159	406	因幡	553	177,844	322
美濃	1,602	699,764	437	伯耆	754	217,990	289
飛騨	414	56,602	137	出雲	504	302,627	600
信濃	1,615	767,788	475	石見	451	172,209	382
若狭	255	91,018	357	隠岐	61	12,559	206
越前	1,533	689,304	450	美作	628	262,099	417

＊九州・琉球計の平均村高は，対馬を除いて計算．総計も同様．

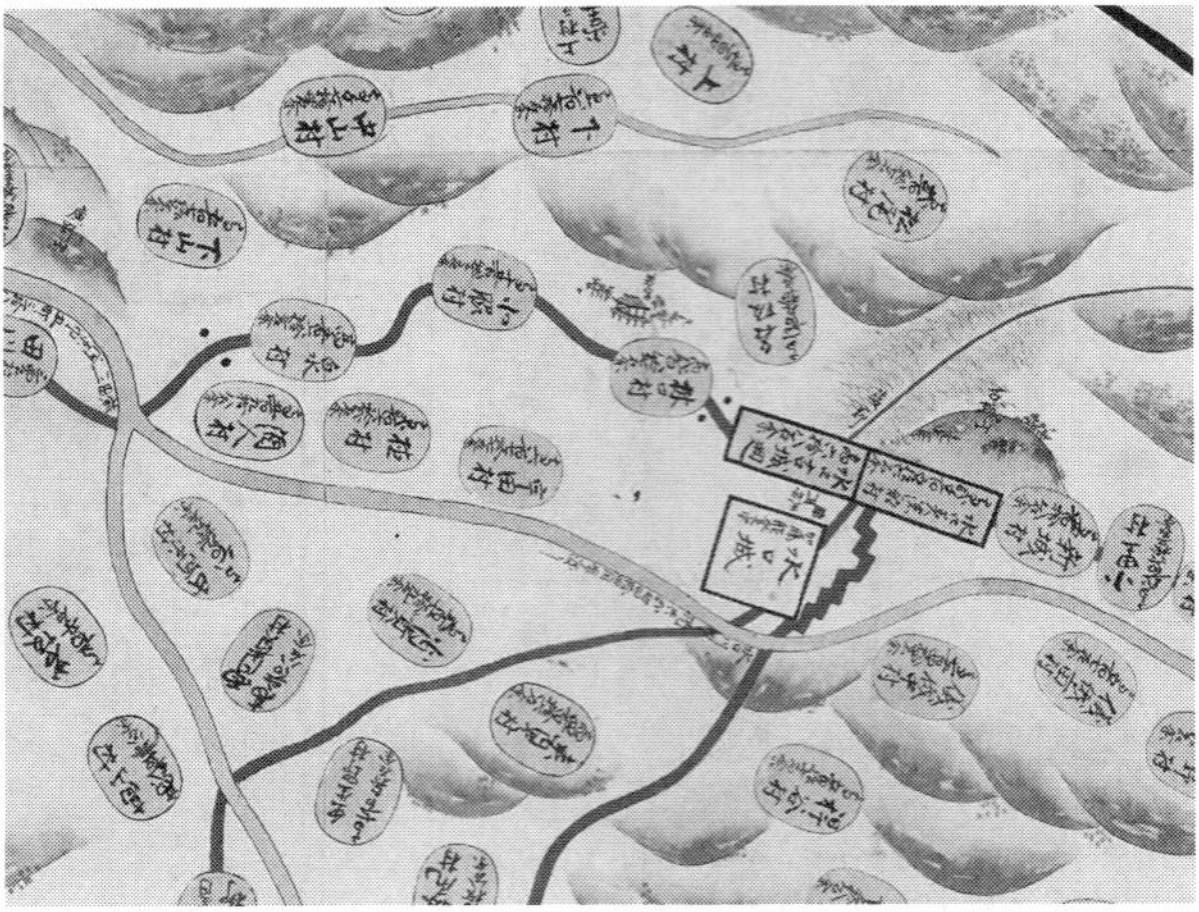

図1-9　近江国絵図　天保8年(1837)　部分，水口付近
(滋賀県立図書館蔵)

ここに描かれた村の大きさを知るために、酒人村付近の村名と現在の行政区画との比較表を表1-4として掲げた。天保と現在を見比べると、おおむね近世の村は現在の区(大《おお》字《あざ》)に対応している。一方、参考として掲げた明治の村(明治二二年の市町村制施行による)は近世の村より大きく、複数の近世村を合併した規模である。同じ「村」といっても、近世村と明治の村では規模に大きな違いがあった。

村高

国絵図に村名とともに書き込まれた数字が「村高」である。姿かたちこそいろいろだったが、近世の村は全国どこでも「村高」を持つという共通項があった。一人前の近世村であるための必要条件が「村

表1-4　行政区画の変遷

天保郷帳　天保5年(1834)

甲賀郡	
虫生野村	七五六・八九八
西内貴村	三一六・四五〇
東内貴村	四一二・四六二
北内貴村	五八二・四七八
氏河原村	九一二・〇四五
八田村	三二五・六二〇
畑村	九〇七・〇〇一
下村	六七二・三六六
上村	七二一・一七一
中山村	一〇七五・三八八
下山村	五八七・九三二
泉村	一一七五・八四三
酒人村	五九八・四三五
植村	二六二・三六七
宇田村	六九一・二八四
北脇村	一六六一・〇九〇
名坂村	六九七・四一〇
松尾村	二八八・四七六
中畑村	二九七・六四三
新城村	四四四・五六四
林口村	二八九・〇二九
水口古城廻	七九・四八六
水口美濃部村	二四一四・二三三

市町村制施行　1889年(明治22)

甲賀郡			
貴生川村	伴谷村	柏木村	水口村

平成の大合併　2004年(平成16)

甲賀市水口町			
虫生野など、貴生川、北内貴、宇川	八田、春日、山、伴中山など、下山など	泉など、酒人、植、宇田、北脇など、名坂など	松尾、中畑、新城、東林口など、水口など

高」だったといってもよい。

村高とは何か。それは一枚ごとの田畑や屋敷地の面積を、斗代《とだい》(田畑の良し悪しに応じて設定された一反当りの石高換算率。石盛《こくもり》ともいう)によって米の容量(石高)に換算し、これを村の範囲で集計した数値である。

酒人村の明細帳によれば、同村の村高は慶長《けいちょう》七年(一六〇二)に徳川政権が実施した近江一国検地で確定された数値である。この時に作成された検地帳が、酒人村の区有文書に残されている。表紙をめくると本文はこんな書き方である。

上田　なかつか　一反《たん》四畝《せ》七分《ぶ》(歩)　才二郎

(一反＝一〇畝＝三〇〇歩＝約九九一・七平方メートル)

上田　同　六畝十八分　新介

中田　同　九畝十分　与右衛門

「上田《じょうでん》」「中田《ちゅうでん》」は田・畑・屋敷の種別と土質の善し悪しのランク付けである。「なかつか」は小字《こあざ》(土地の所在地)。そして、田畑の面積、百姓名と続く。一般に検地帳では、面積の次に、面積と斗代を掛け合わせた石高が記入されるのが普通だが、この検地帳ではそれは省略され、帳末に一括して面積から石高への変換がなされている。

その集計欄を表1‐5に示した。上田を例にとると、村全体の上田面積は一八町三反九畝二八歩、これを一反＝一石八斗の換算式に当てはめて三三一石一斗八升八合を得る。

表1-5　酒人村の慶長検地の集計（酒人区有文書より作成）

位付	斗代(石)	面積(畝)	石高(石)
上　田	1.8	1,839.28	331.188
中　田	1.5	1,097.17	164.635
下　田	1.3	311.28	40.551
中田荒	1.5	143.20	21.55
下田荒	1.3	21.21	2.821
田　合		3,414.24	560.745
上　畠	1.1	138.20	15.253
中　畠	0.9	37.23	3.399
下　畠	0.5	11.03	0.555
中畠荒	0.9	1.18	0.144
下畠荒	0.5	29.08	1.463
屋　敷	1.2	123.10	14.8
畠　合		341.22	35.614
田畠屋敷合		3,756.15	596.359

数値は原文のまま．ほかに村山（石高2.076石）に対する課税（銀納の小物成）があった．天保国絵図に書き入れられた「村高598石余」は，これを加えた数値．

米穀量への換算は、田のみならず、米を栽培しない畠（畑）や屋敷地、あるいは今は荒れ地状態となっている土地にまで及んだ点が重要である。すなわち、この操作を通じて、村内の田、畑、屋敷地、荒れ地などすべての土地は、それぞれの個体的な形状を捨象・排除され、「石高」という計量や比較が可能な数字へと変換・抽象化されるのである。そうした操作の結果はじきだされた酒人村の村高が五九六石三斗五升九合だった(別枠の山高《やまだか》を加えると五九八石四斗三升五合)。

この村高を基準値として年貢が徴収されることになる。隣村宇田村のものだが、もっともシンプルな納税通知書を一点例示しておく(宇田区有文書)。

未年《ひつじどし》御物成下札《おものなりさげふだ》の事

一、高六百七十七石二斗七升四合　宇田村

この取り二百三十七石二斗七升四合　高三つ五分

寛永二十未《ひつじ》十一月吉日　小堀遠江《こぼりとおとうみ》代　小堀権左衛門(印)

庄屋百姓中《しょうやひゃくしょうちゅう》

寛永《かんえい》二〇年(一六四三)、幕府代官小堀氏から領地の宇田村宛てに通達されたものである。同村の村高は六七七石余、これに対して三五パーセント(三つ五分)に当る二三七石余を今年の年貢として納めよという内容である。村単位に課税し村に納入責任を負わせることから、こうした課税方式を研究上、年貢の「村請《むらう》け制」と名づけている。

ムラ、ノラ、ヤマという実体としての景観に加えて、こうした田畑・屋敷地を米の単位に換算した村高を属性として持つところに、近世村の特色があった。

検地と村請け

全国の村々に検地を行い石高(村高)を算出する政策は、豊臣政権の全国統一の軍事行動と並行しながら進められた。

検地は、詳しく見ると、①豊臣氏の直接の家臣が検地した場合、②豊臣氏の子飼い大名が①に準じて自らの領内で施行したもの、③豊臣氏に服属した大名が自らの領内で独自に実施したもの(毛利《もうり》惣国《そうこく》検地、徳川五カ国惣検地)などに分けられ、それぞれのやり方にはかなりのバラつきのあったことが近年の研究で明らかになっている。所によっては、それまで行われていた銭の単位を使った貫高《かんだか》表示の地域もあった。年貢徴収者である武士を検地帳の名請け人に記載するケースもあった。また、大名の格付けや軍勢動員のために検地に先行して大まかな石高が示され、それに合わせて後から領内検地が行われるケースさえ見られた。

しかし、そうしたズレやルーズさを持ちながらも、この施策が画期的だったのは、それが列島全体を対象としたところにあった。検地という政策自体は戦国大名が自領内で行っており、田畑面積の石高への換算も、年貢の請け負い制も、個々にはすでに中世の荘園社会で行われていた。だが、それらがどこかで個別的に実施されていたことと、列島全土にその政策のローラーが掛けられることとは全く別の次元に属する。豊臣政権が先鞭《せんべん》を付け、徳川政権が継承した検地にもとづく石高制と村請け制の原理が、列島の津々浦々にまで行き渡ったことがポイントである。村は村高を持つこと、また、百姓はどこかの村の村民であることが必須になった。そうした村や百姓の存在する社会が近世社会だった。

石高の所有　石高制の特色は、それが徴税など百姓支配の基準値であると同時に、領主の内部編成の基準値でもあったことである。一〇〇万石の大名から知行高《ちぎょう》わずかの家臣まで、領主階級も石高で序列化され、その数字に応じた奉公が要求された。表1－6は、一九世紀前半の酒人村付近の村々の村高と領主名である。各村はそれぞれの村高をもって領主支配を受ける形となっており、逆に近世領主は村高を通じて村と百姓を把握する形となっている。

ちなみに、この地域は多数の領主の領地が入り交じる錯綜地帯だった。水口に本拠を置く水口藩の領地村がもっとも多いが、ほかに近江国三上《みかみ》村に陣屋のある三上藩領(植村)、丹後国《たんごのくに》(現京都府)の宮津《みやづ》藩領(岩坂《いわさか》村)があり、旗本領(名坂《なさか》村など)も混在している。名坂村の一部は幕府代官が管理する幕府直轄領(天領《てんりょう》)だった。

一村の村高を分割する相給《あいきゅう》の形で領地が配分されるケースも少なくない。表1－6のなかでも、名坂、酒人、岩坂および高山《たかやま》村が相給村となっている。東北や四国・九州の国持ち大名領に対し、本州中央部には、このように幕府直轄領や旗本領、天皇・公家・寺社領、他国大名の飛び地などが入り組み、また、一村が複数の領主に分有される地域があちこちにあった。しかし、こんな錯綜地帯にあっても、領主と村との関係は、村高を介してきちんと対応していたのである。

表1-6　村高と領主(文政年間〈1818〜30〉, 単位は石,「文政近江国石高帳」より)

村名	村高	領主名	内訳
名坂村	697.420	御代官所	100.000
		織田帯刀(旗本)	200.000
		織田図書(〃)	397.420
酒人村	598.435	水口藩	80.471
		内藤出雲守(旗本)	517.964
植村	262.367	三上藩	262.367
宇田村	677.926	水口藩	677.926
氏河原村	899.050	水口藩	899.050
北内貴村	579.038	水口藩	579.038
西内貴村	308.255	水口藩	308.255
虫生野村	416.331	水口藩	416.331
岩坂村	108.144	宮津藩	105.556
		寺社地	2.588
高山村	278.740	美濃部亀三郎(旗本)	199.100
		柘植左京(〃)	79.640

相給村も含め、領主が村高(石高)を通じて百姓を支配するというこうしたあり方は、同じく領主とはいいながら、近世に先行した中世社会のそれとはよほど異なっている。すなわち、中世領主の基本をなす地頭や荘官などの在地領主は、地元の農業生産現場近くに家来を従えて居を構え、フェース・ツー・フェースの関係において領地・領民に君臨していた。こ

れと比較した時、そのほとんどが地元から遠く離れた城下町に暮らし、石高を介して領民を把握するという近世領主のあり方は、至って対照的である。中世領主の基本形がナマの人と土地を所有する領主だったのに対し、近世の領主は、人と土地を石高に換算して所有するいわば数字所有の領主だったということができる。

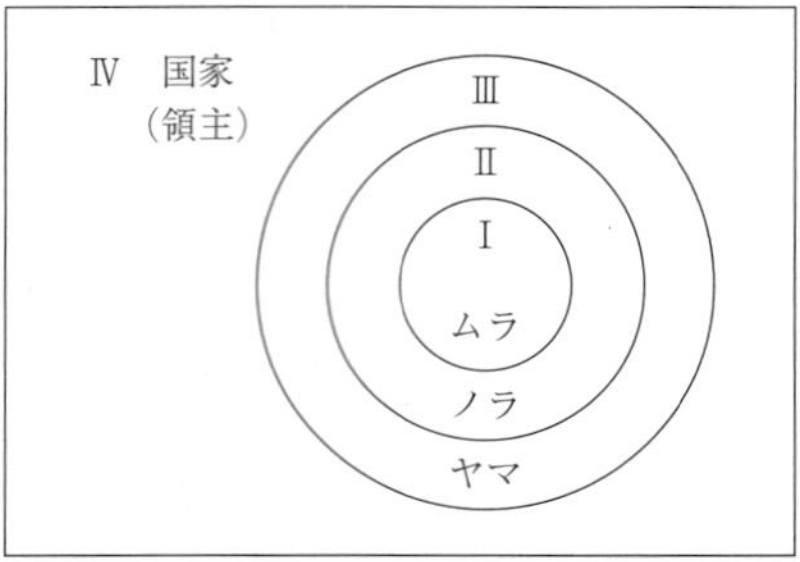

図1-10　近世の村と国家の模式図

全国の村々が同じく村高を持ったこと、また、近世領主が村高の所有者だったという特色を念頭に置いて、改めて前掲の福田図や宮家図を見直してみると、これらを近世村の模式図として完成させるためには、図の外側にもう一つ枠を書き加えなければならないだろう。福田図を援用して図示すれば図1－10のようになる。「Ⅳ　国家(領主)」と書き入れたこの方形の枠のなかで、近世領主と三重円の村が関係し合うことになる。

それでは、「ムラ・ノラ・ヤマ」の三重円で構成される近世の村の前史はどのようなものだったか。三重円を「村高」として把握した近世領主と近世村とはどのような関係にあったか。

また、三重円のなかの百姓たちの暮らしぶりはどのようなものだったか、など。以下、章を追って観察を進めていこう。

第二章　村の成立

1　地侍衆と村衆

戦国から近世へ

前章「村の景観」で観察したような近世の村は、どのような歴史を経て生まれてきたのだろうか。本章では「ムラ・ノラ・ヤマ・村高」からなる近世村が生みだされるプロセスを、戦国時代に遡って跡付けてみる。

近世の村は、戦国期、百姓たちの生産・生活拠点として歴史の舞台に姿を現した村を母体にして生み出された。あらかじめ、そのプロセスを要約して記せば、次のような流れとなる。

①一五～一六世紀、ムラ(サト・集落)を生活拠点とする百姓(村衆《むらしゅう》)の生産活動が活発化し、山野や用水の利用をめぐって他村衆と争う紛争が激化し始めた。

②そうしたなかで、地域社会の有力者であった土豪《どごう》・地侍《じざむらい》衆の領主化の運動が進行し、ヨコ型・タテ型二方向での地域管理の仕組みが模索されていった。しかし、いずれの方向も、地元に立脚するという点で私的な利害の払拭《ふっしょく》が難しく、それが争乱を増幅させることとなった。

③領主化運動のタテ型コースのなかから織田信長に始まる新しい領主権力が輩出され、戦国

社会に終止符を打った。彼らは、私的利害の根源である土着性を否定し城下町に権力を集中させるという自己変革を行うことで、新しい領主制度を確立した。

④そして、その政策によって作り出されたのが、前章でみたような、検地帳(土地台帳)で確定された村域を持ち、そこで生み出される富を「村高」として数量化された近世村である。ここに、地元の外側から公的権力をもって統治に当る公儀《こうぎ》領主と、生産活動の主役として村を運営する百姓の組み合わせからなる近世の仕組みが成立する。

こうした流れを念頭に、以下、このプロセスを具体的な事例をもって跡付けてみたい。フィールドとしては、村絵図で馴染みになった酒人《さこうど》村を含む近江国甲賀郡や、その隣の蒲生郡を対象地域としたい。というのも、この地域には戦国時代から近世にかけて地元の様子を語る紛争史料がたくさん残されており、この時期に日本列島上で起きた社会変革を、その基層において観察するのに恰好の場所だからである。1、2節では甲賀郡を題材に、3節では蒲生郡の事例を取り上げ、戦国から近世への移行過程をたどりながら、近世の村形成の経緯を探る。

紛争と時期区分

さて、応仁《おうにん》・文明《ぶんめい》の乱(一四六七〜七七)前後から一七世紀後期に至る甲賀郡の地域社会と村の歴史を、残存する紛争史料を読み解きながら時期区分すると、大きく四期に分けることができる。

第一期　応仁・文明の乱を前後する一五世紀(広域を支配する地侍同士の紛争の時代)。

第二期　一六世紀初頭から、天正一三年(一五八五)の「甲賀揺れ」まで(地侍衆の領主化と村衆の登場。なお、「甲賀揺れ」とは、豊臣秀吉の紀州攻めに遅れを取ったとして、甲賀地侍が秀吉から地元を追放された事件をさす)。

第三期　「甲賀揺れ」以降、関ヶ原の戦い・大坂の役(大坂冬の陣、夏の陣)を経て、徳川幕府二代将軍秀忠《ひでただ》時代が終る元和《げんな》九年(一六二三)ころまで(村同士の紛争が激化)。

第四期　寛永年間(一六二四〜四四)以降の時代(訴訟と裁判の方式が定着する)。

まず、一五世紀から一六世紀後半に至る第一期と第二期。この時期の地域社会の主役は、おおむね以下のような特徴を備えた地元の土豪たちだった。

①出自は荘園社会における下級の荘官だったり、あるいは有力名主《みょうしゅ》だったりとさまざまだが、拠点とする村(ムラ・サト)のなか、ないしはその近くに居館や城を構え、経営主として隷属的な下人《げにん》を抱えて農業経営を行う。

②自村および周辺村の田畑を集積して、地主として小作百姓から下作料《したさくりょう》(小作料)を徴収し、また利貸し・金融活動も行う。

③被官《ひかん》などの家来を抱え武器を持ち、武力を背景に、用水・山野の管理、流通・度量衡《どりょうこう》の統

制、治安維持、祭祀主宰などの公共的機能を掌握して、広領域を支配する領主化を目指す。

④自ら室町将軍や守護六角《ろっかく》氏などの上級権力の奉公衆《ほうこうしゅう》や被官となることで、名字を名乗る侍《さむらい》身分の地位を獲得している。なお、彼らは史料のなかでは「侍」「侍衆」として登場するが、近世の城下町に住む「侍」(武士)と区別するために、本書では彼らを「地侍」「地侍衆」と呼ぶことにする。

こうした性格を持つ甲賀郡の地侍衆は、一五〜一六世紀、美濃部《みのべ》、山中《やまなか》、内貴《ないき》など同じ名字を名乗る一族で寄り集まって同族組織(同名中《どうみょうちゅう》)を作り、後の近世村にして数カ村から一〇カ村程度の範囲を自分たちの支配領域とした。群立する同名中の数は、最盛期には甲賀郡全域で二〇ユニットにものぼったという(『甲賀市史 2』)。

一五世紀の紛争

同名中に結集した地侍たちはそれぞれの権益をめぐって互いに争いを繰り返していた。永享《えいきょう》一二年(一四四〇)から天正一二年(一五八四)に至る一四〇年ほどの間に生じた紛争を表2-1に示した。一五〇〇年を挟む第一期と第二期の間に五〇年間ほど史料の空白があるが、順にみてみよう。

第一期の紛争としては四件が確認される。争点は川原の草地や用水利用をめぐってである。このうちの二件、文安《ぶんあん》五年(一四四八)と寛正《かんしょう》三年(一四六二)の争論は、山中氏と美濃部氏、ある

表 2-1　天正 13 年(1585)以前の紛争

年代	当　事　者	争点	解決形態など
〈第 1 期〉			
1440(永享 12)	山中氏⇔城方(山中一族)	川原	領主鹿苑院へ訴
1448(文安 5)	山中氏⇔美濃部氏	用水	将軍家の御教書
1462(寛正 3)	山中氏⇔伴氏	河の瀬	守護へ訴
1484(文明 16)	山中氏⇔福永氏(山中一族)	溝	守護へ訴
〈第 2 期〉			
1533(天文 2)	牛飼村⇔塩野村・山上村・市原村・中村	山利用	7 人(侍衆)判状
1540(天文 9)	杉谷村⇔？		内貴新助，寺 3 判状
1541(天文 10)	美濃部氏⇔武島氏	荒れ田年貢など	2 人(侍衆)扱い
1547(天文 16)	佐治氏⇔伊佐野氏	百姓使役	3 人(侍衆)扱い
1554(天文 23)	山中氏⇔美濃部氏	年貢未進	2 人(侍衆)判状
1555(弘治元)	宇治河原村⇔宇田村	川原	
1565(永禄 8)	檜物下荘(3 村)⇔石部三郷	用水	三方中判状
1567(永禄 10)	美濃部氏大谷方⇔山中俊好	用水	双方関係者の調停
1569(永禄 12)	佐治氏＋小佐治地下⇔伊佐野村	あぜ草	6 人(侍衆)判状
1571(元亀 2)	新宮・矢川神社⇔飯道寺古庵室	植林	郡中惣判状
1572(元亀 3)	山中氏の同名内		同名内の 3 名(侍衆)判状
1573(天正元)	和田村・五反田村⇔伊賀国上柘植	山境(国境)	甲賀郡奉行 10 人・伊賀奉行 10 人判状
1580(天正 8)	宇治河原村⇔宇田村	川原	
1583(天正 11)	牛飼村⇔山上村・中村	草刈り場	5 人(侍衆)判状
1584(天正 12)	杉谷村⇔望月福屋氏＋磯尾村	入会山	(郡中惣)先郡奉行中惣判状(10 奉行中)
1584(天正 12)	内貴因幡等⇔山中入道おちやほ女	遺産	(郡中惣)先奉行中判状
1584(天正 12)	宇田村内の上井衆⇔下井衆	用水	(郡中惣)郡奉行中判状
年不詳	内貴同名⇔山中同名		(郡中惣)奉行中惣
年不詳	池田村⇔多喜村	山利用	(郡中惣)郡中奉行衆判状

いは山中氏と伴《ばん》氏との間で争われたのに対して、他方、永享一二年(一四四〇)と文明一六年(一四八四)の紛争は、山中氏内部の惣領《そうりょう》家と一族の争いとして展開している。このように、この時期の地域紛争は、別の同名中との間で争われる場合と同名中内部で対立する場合の二種類があった。しかし、いずれの紛争も同名中組織を前提にした地侍同士の争いだったことは共通している。

紛争の「解決形態」欄に荘園領主、将軍家、守護などいろいろな上級領主が登場することもこの期の紛争に共通する。一般に中世社会は、「自らの権利は自らの実力で守る」「実力で確保している限りにおいて自分のものである」という自力救済《じりききゅうさい》(自助・自力)、当知行《とうちぎょう》(実効支配)を社会の原理としながら、他方、その権利を将軍や天皇・公家、有力寺社など中央の諸権門に結び付けることで維持・強化しようとする社会だった。さまざまな上級領主に訴え、その庇護を得ようとする彼らの動きは、古代以来の権門権力と地元で力を持つ在地勢力の組み合わせからなる中世社会の特色をそのままに体現するものとみてよいだろう。

一六世紀の変化

五〇年の史料的な空白を経た第二期はどうか。同じく地侍を主役とするものの、紛争当事者および解決形態のいずれにおいても、大きな変化が生じている。

紛争の解決形態での変化は、地侍衆自身が紛争の調停者として立ち現れるようになったことである。表2-1にも明らかなように、第二期の紛争は不明の二件を除きすべて彼らが調停者になっている。中央の上級権力へ訴え出た第一期とは大きな違いである。

紛争の激化に伴い、広域的な調停組織が作られていく様子もこの表から判明する。解決形態の欄をみると、当初は個々の地侍たちの個別的な対応だったのに対して、その後、「三方中《さんぽうちゅう》」、ついで「郡中惣《ぐんちゅうそう》」など同名中がヨコに連合して作った自治組織による裁定へと移っていく。

ここにいう「三方中」とは永禄《えいろく》八年(一五六五)ころに、山中・美濃部・伴の三家が関係地域の治安・警察、裁判機能を維持するため結成した連合組織である。また「郡中惣」とは、郡内の同名中が結集して作った合議制の地域管理組織であり、遅くとも元亀《げんき》二年(一五七一)までには結成されたと見られる。郡中惣は、天正元年(一五七三)には、隣国伊賀の同種の組織と連携して国境の山争いを解決するまでに力を貯えていった。

彼らの調停方式は、解決案(異見《いけん》)を作り、それを判状《はんじょう》という文書形式で当事者に提示し承知させるという形をとった。一例として天正一二年(一五八四)、杉谷《すぎたに》村が磯尾《いそお》村の地侍望月福屋《もちづきふくや》氏と村民の連合軍を相手取って争った際の郡中惣奉行衆判状を、図2-1に掲げた。

判状は、調停内容を記した起請文前書《まえがき》部分(図の上)と起請文部分(神文《しんもん》、図の中・下)からなる。前書部分では冒頭に「贔屓《ひいき》なく異見(意見)を申す」としたうえで、一つ書きで調停内容を記し、

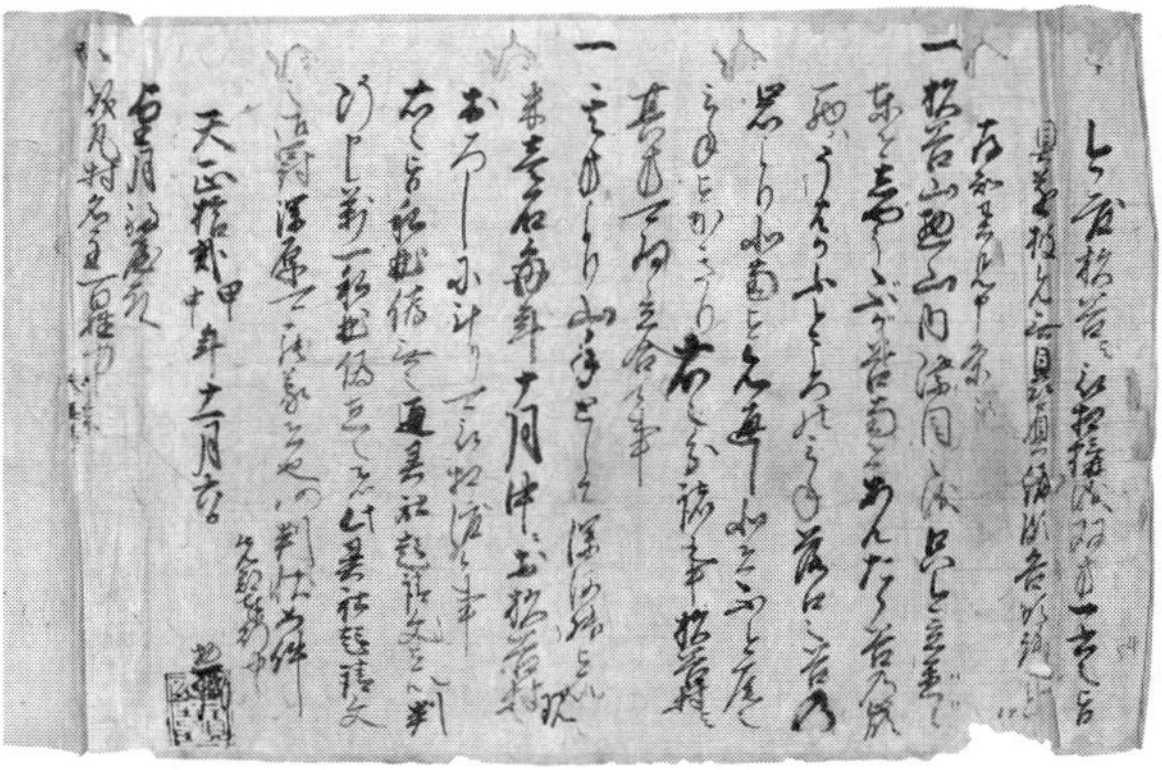

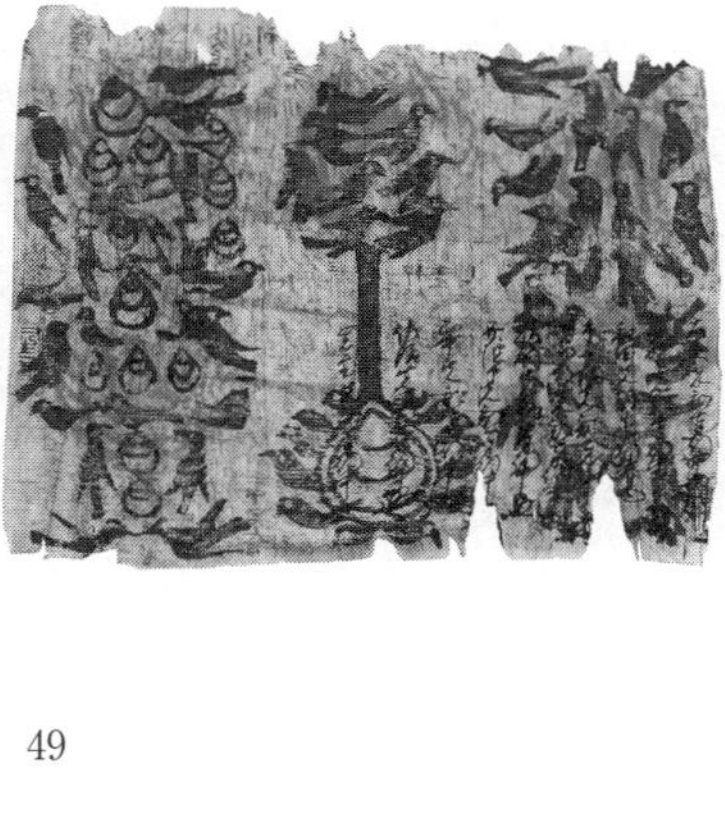

図2-1　杉谷村・磯尾村争論の判状(杉谷区有文書)　上：起請文前書，中：起請文(牛王符裏面)，下：起請文裏書(牛王符表面)．もとは前書部分と起請文部分は糊で継ぎ合わされていた．

「もしこの内容に私曲偽《しきょく》りがあれば起請文の罰を蒙る《こうむ》」としている。そして調停案を作成した奉行たちが「先郡奉行中惣《さきの》」と署名し捺印している。「先」とあるのは、彼らが年度を越えて調停を担当した前年度の奉行たちだったからである。一方、熊野那智大社《くまのなちたいしゃ》の牛王符《ごおうふ》(牛王宝印を描いた用紙)を用いた起請文の方は、表側には多数の神仏の名を書き上げて起請し、裏側には奉行衆一〇名が一人ずつ署名する形をとっている。どの紛争でも地侍衆作成の判状は、ほぼこのような様式で作成されていた。

村衆の登場　第二期に生じた大きな変化の二つ目は、新たに「村」「村衆」が紛争の当事者として登場してきたことである。右の争論もその一つだったが、表2-1にあるように、天文二年(一五三三)の塩野《しおの》ほか三カ村と牛飼《うしかい》村との山争いを初見として、宇治河原《うじかわら》村と宇田《うった》村、牛飼村と山上《やまがみ》村・中《なか》村、池田《いけだ》村と多喜村など、後に近世村となる村名集団による争論が始まる。

弘治《こうじ》元年(一五五五)を起点として第三期まで続く宇治河原村と宇田村の争論を、慶長一〇年(一六〇五)の宇治河原村の史料(宇川共有文書)で跡付けてみよう。争点はどれも両村の間に位置する野洲川《やすがわ》の川原の利用をめぐってである。

①弘治元年(一五五五)、宇田村衆が上河原の境目を破ったので、三年間弓矢の争いになり、

郡(郡の地侍衆)から七年間の休戦を命じられた。

②天正八年(一五八〇)、宇治河原村が「川焼き」(草生えのための野焼き)をしたところ、宇田衆が押しかけて争った。

③文禄三年(一五九四)、宇田村の者が上河原に新開の土地があるといって侵入したので、持ち物の刃物を取り上げた。また宇田の者が草を盗み刈りしたので鎌を取り上げた。

④慶長四年(一五九九)、宇田の山中大和《やまと》殿の被官が上河原に牛を放したので、宇治河原の者が牛を取り押さえた。

⑤慶長九年(一六〇四)、宇田村民が上河原に牛を放したので、宇治河原の者が牛を捕えた。

⑥慶長一〇年(一六〇五)の今年、宇田村の者が上河原に牛を放した。

注目すべきは、断続的に続く紛争が、川原の新開、草刈り、牛の飼育を争点としていることである。新開はいうまでもないが、草刈りも牛の飼育も農業生産活動に直結するテーマである。すなわち、草・芝はこの当時もっとも大事な肥料であり、牛の飼育も農作業や厩肥の製造のために不可欠だった(第四章2節など参照)。村衆がこうした問題を争点として隣村と激しく争い始めたということは、取りも直さず、背後に村(ムラ・サト)を単位にした農業生産活動が急速に進展しつつあることを暗示している。

慶長一〇年の紛争時、宇治河原村の指導層が作成した起請文は、そうした村衆の団結力を語る好例である。

•今回協議したことについては、他所へはもちろん家族にも喋らない。
•一五人衆の内部ではどのようなことでも多数意見に従う。
•出費などは相互に援助しあい、さらなる損失については惣中(村中)全体に割り当てる。
•自分や他人に対して贔屓《ひいき》をしたり、異議を唱えたりしない。

村を主導する一五人の村衆が、伊勢神宮・八幡・春日をはじめ、甲賀郡の油日《あぶらひ》神社・杣《そま》三社(矢川《やがわ》、新宮《しんぐう》、山王《さんのう》)と自村の氏神(天満自在天《てんまじざいてん》)に対して誓った固い約束である。地侍を中心に動いてきた世界のなかに、新たにムラを拠点にした村衆の動きがこのように顕在化し始めたこと。これもこの期の大きな特色といえる。

なお、この時期の村衆の具体的な家族形態や経営形態を語る史料は、この地域には残っていないが、第四章3節などで紹介する他地域の動向に鑑みれば、村衆の内実は、直系ないしは単婚家族を生活・生産活動の単位として、近世村の中核部分へと成長していく小百姓たちだったと想定される。

起請文の意味

村衆の登場と関わって、第二期の紛争のなかには、地侍が村衆と一緒になって紛争当事者となるケースもあった。永禄一二年(一五六九)、地侍の佐治《さじ》氏が小佐治《こさじ》村衆(小佐治地下中《こさじじげちゅう》)とともに当事者となった紛争や、天正一二年(一五八四)、地侍の望月福屋氏と磯尾村衆が連合した事例(前掲、図2-1参照)などである。地侍衆の領主化の足場が地元村にあったことからすれば、彼らが地元の村衆と組んで紛争当事者となることは、当然ありうることではあった。この場合、地侍衆たちは村衆と利害を共有していた。

しかし、こうした紛争は地侍にとっては大いなる自家撞着《じかどうちゃく》だった。というのも、彼らが地元村衆と利害を共有し隣村と争うという立場は、地域紛争を公平に裁定し、もって広域権力として成長しようとする彼らの領主化の志向と矛盾したからである。個別利害と普遍的公平性、私的と公的との矛盾は、領主化を目指す彼らにとっては深刻な背理だった。そして、それは村衆の活動の激化に比例して拡大していった。

彼らの抱え込んだ矛盾の深さは、彼らが紛争調停で作成した判状それ自身に如実に表れている。改めて彼らの作成した判状をみてみよう。たとえば、先に掲げた天正一二年の図2-1である。すでに紹介したように、判状は調停案を記した前書部分と、熊野牛王符の用紙に記された起請文(神文)の組み合わせからなるが、注目したいのは「敬白　天罰霊社《てんばつれいしゃ》起請文のこと」に始まる神文である(図の中)。そこには梵天《ぼんてん》・帝釈《たいしゃく》・四大天王を始めとして、八五にものぼる神仏名が書き上げられ、さらに「日本国中八万四千の大天狗」までが勧請《かんじょう》されている。そして、もし私曲偽りを申した場合はこれらの神仏から白癩《びゃくらい》・黒癩《こくらい》の罰を受けるとするのである。すさまじい神罰仏罰である。

この膨大な数の神仏から罰を受けるのはいったい誰か。一見したところ、それは相争う紛争当事者のように思われるが、よく読むとそうではない。「調停案の条々を、私曲偽りなく霊社起請文をもって提案する」とあることから明らかなように、罰を蒙るのは調停案を作った地侍たち自身である。

つまり、この起請文は、地侍衆が自分たちの調停の公平さを神仏に誓ったものであり、牛王符に記された神仏の力・神罰仏罰の恐怖によってその公平性を担保する仕組みだった。彼らは自分たちの抱える私的な利害関係を神仏の力で乗り越えようとしていたのである。

しかし、考えてみれば、この誓約自体が彼らの私的性格を露わにしているともいえる。なぜならば、神罰仏罰の恐怖で自分たちを縛ることによってしか、彼らは自分たちの公平性を担保できなかったからである。彼らは自らの支配する領地において、決して絶対的な権力をもつことはできなかった。思いつく限りに書きあげられた神仏名の羅列のなかに、彼らの抱え込まざるを得なかった深刻な矛盾、彼らの領主化の困難性が如実に投影されている。そして、地侍衆が内包するこうした不安定性こそが、諸集団が相互に対立と合従連衡《がっしょうれんこう》を繰り返し争乱を拡大させる戦国社会の混乱の元凶だった。そう評して過言ではないだろう。

なお、先走っていえば、戦国の騒乱を克服して生み出された信長に始まる近世の領主権力は、脅しとして神仏を利用することこそあれ、紛争当事者に向けて起請文をしたため、自ら判決の公平性を表明することはなかった。そこに、公私の背理を抱え込んだ戦国社会と、権力が紛争調停の第三者として君臨する近世社会との決定的な違いを見てとることができる。

2　村造りと公儀

信長・秀吉と地侍衆

さて、地侍を中心に動いてきた甲賀の社会は、永禄一一年(一五六八)、足利義昭《よしあき》を奉じた織田信長の上洛を機に一気に新しい局面に突入する。そして、天正二年(一五七四)、信長勢による甲賀郡の制圧、統一戦争への甲賀地侍衆の動員などを経て、天正一三年(一五八五)、この地に最大の転機がやってきた。この年の春、政権を握る豊臣秀吉により地侍の改易《かいえき》処分(所領没収)が強行されるのである。後に「甲賀揺れ」と呼ばれるこの事件で、地侍たちは地元から追放され、同名中、郡中惣とヨコに広がりながら進められた領主化の道は絶たれることになった。ここから紛争史料の時期区分の第三期が始まる。

酒人村近くの北内貴《きたないき》村の氏神社川田《かわた》神社に保管されてきた古文書のなかに、天正一三年の前と後の社会の変化を明快に語る史料がある。甲賀揺れから二四年後の慶長一四年(一六〇九)、死者二名、負傷者多数を出した隣村東内貴《ひがしないき》村との山争いの時に書かれたものだが、さしあたり、次の主張が注目される。

我々の村(北内貴村)と相手の東内貴村との間の矢田野《やたの》山は、昔から嶺を境としており、北側はわが村の村領です。この山については天正一三年の中村式部少《なかむらしきぶしょう》殿の入部《にゅうぶ》以後、太閤《たいこう》様の時代の二度の検地(太閤検地)や、米津清《よねきつせい》右衛《え》門《もん》様実施の検地(徳川検地)でも、嶺を限って牓示《ぼうじ》(境目の杭)を挿《さ》し、山の八合目まである田地もわが村の高になりました。相手の東内貴村は、この山について、昔、内貴の侍衆が知行していたことを根拠にして権利があると主張していますが、それは全くの間違いです。たしかに天正一三年より以前、甲賀侍衆が郡内に居住していた時には、田畑・山林とも郷を越えて入り組みに知行した例が多くありましたが、「甲賀揺れ」を期に侍衆が牢人《ろうにん》となって以降は、田畑・山林ともに、それぞれの領内（村領）となったのです。（傍線は水本による。以下同じ）

すなわち、「甲賀揺れ」以前、この地域は甲賀地侍の支配するところであり、彼らの所有する田畑や山林が、郷（村）を越え入り交じって存在していた。争論の当事者たちの村も内貴氏の配下にあった。しかし、天正一三年を画期として、そうしたあり方は終った。秀吉直臣の中村一氏《かずうじ》が水口岡山《みなくちおかやま》城に入り領主になって以後、太閤検地や徳川検地が施行されるなかで、田畑、山林ともにそれぞれの村の領地となり、争点の山についても、検地に際して嶺を境に目印の杭が打たれ村境が確定した。史料はこのようにいっている。

近年の城郭の調査によると、東内貴村のムラ外れには土塁で囲まれた半町（約五四・五メートル）四方の居館跡（「殿屋敷《とのやしき》」）、また裏山には「内貴尾山《おやま》城」跡が確認されるという（『甲賀市史7』）。まさに、社会はそうした城館を拠点にした地侍の連合支配の時代から、検地で確定された村域を「領内」とする百姓たちが村を仕切る時代へと大きく転換したというわけである。「ムラ・ノラ・ヤマ」を単位とした村領（村境）が確定され、かつそれらが村高として数量化された近世村の成立である。

ちなみに、この争論は、北内貴村が幕府の京都所司代板倉伊賀守《いたくらいがのかみ》(勝重《かつしげ》)と近江国奉行米津清右衛門(正勝《まさかつ》)に訴え出、その後、仲裁に入った仲人衆《ちゅうにんしゅう》の調停により北内貴村の勝訴となる。地侍衆時代の慣行は否定され、社会は新しい領主権力の政策の下で動き始める。

地侍の行方

地侍が連携して主導した甲賀社会は、新しい勢力(統一政権)の進攻により解体を余儀なくされたのだったが、地元を追放された後、地侍たちはどのような運命をたどっただろうか。

多くはその後地元に戻り、自村の村衆とともに近世村の構成員(百姓)になった。その典型例が、宇田村を本拠地にした山中大和(山中俊好《としよし》)である。甲賀揺れの後、彼は地元を離れて牢人をしていたが、しばらくして村に戻り、かつて所有していた屋敷に住んで宇田村百姓の一員となった。帰村後も地元において一定の影響力を保持したことは、同村と宇治河原村とが争った前掲慶長一〇年(一六〇五)の川原争論で、彼が宇田村衆に助言を与えていることなどからうかがえる。古い家筋ということで一町四方の屋敷地も無税地扱いとなった。

しかし、彼の所有田畑は同村の慶長検地帳の集計では一反四畝二〇歩に過ぎず、延宝《えんぽう》七年(一六七九)検地では、子孫の山中弥左衛門尉《やざえもんのじょう》(山中俊正《としまさ》)の所持高は四石二斗五升一合と零細百姓グループの規模となっている(宇田区有文書)。秀吉の実施した太閤検地は、各田畑の耕作農民をその田畑の持ち主とする一地一作人を原則にしたから、侍衆がかつて地主として所持していた田畑の多くは、耕作農民(村衆)の所持地となってしまったのである。

近世に入ってからも山中同名中のつながりは継承された模様だし、また、他の帰農地侍の子孫とともに「甲賀古士《こし》」を名乗って徳川幕府に仕官運動も続けるが、新しい社会のもとで、かつての権威・権力を復活させることは叶わなかった。

一方、地侍のなかには、豊臣から徳川への政権交代の過程で武士身分に登用され、新領主の構成メンバーとして近世を送ったグループがいた。最近の研究によれば、彼らは、

①政権掌握過程における徳川家康への支援が評価されて、徳川幕府の旗本になった者たち

②「甲賀百人組(幕府)」「甲賀士五十人(岸和田藩)」「甲賀五人(尾張藩)」など、集団で幕府や大名に仕えた者たち

③個々に大名や旗本の家中として仕えた者たち

に区分される(『甲賀市史　３』)。

こちらのグループの代表が、山中氏と同様に有力地侍だった美濃部氏の一族である。彼らは右の分類でいえば①にあたり、豊臣から徳川への政権移行期、家康方として働いたことをきっかけとして幕府の旗本に取り立てられ、新しい領主の一員として七つの家筋に分かれて発展し

ていった。

一例として、美濃部右馬允《うまのじょう》・文左衛門《ぶんざえもん》家の経歴を家譜から抜書きしてみよう（『寛政重修諸家譜《かんせいちょうしゅうしょかふ》17』）。

●美濃部右馬允　天正五年（一五七七）、召されて東照宮《とうしょうぐう》（家康）に奉仕し、のち武蔵国都筑《つづき》郡《ぐん》（現神奈川県）のうちに采地《さいち》二三〇石余を給い、所々の御陣に供奉《ぐぶ》する。寛永八年（一六三一）死去。

●美濃部文左衛門（右馬允、茂重《もちしげ》）　美濃部右馬允の子。慶長一二年（一六〇七）より東照宮に仕えたてまつり、大番《おおばん》をつとめ、大坂の役に供奉し、のち近江国において采地三〇〇石を給わり、寛永九年（一六三二）遺跡を継ぐ。さきの采地を合わせ、すべて五三〇石余を知行する。

●美濃部文左衛門（茂時《しげとき》）　美濃部文左衛門の養子。はじめ大番となり、寛永二〇年（一六四三）御天守番《ごてんしゅばん》の頭《かしら》に転ず。寛文《かんぶん》一二年（一六七二）死去。

彼らは地元に根ざしたヨコ型の領主化を遂げることはできなかったが、城下町に住む近世領主の一員へと転身してその後の歴史を歩んだのである。
戦国期から近世への移行を地侍に即して眺めるならば、それは山中氏のように地元に回帰して百姓の道を歩む者たちと、美濃部氏のように地元を離れて新しい領主の一員(武士身分)になった者たちへの両極分化の過程だったと捉えることができる。

「公儀」の出現

さて、甲賀の地域紛争に戻る。甲賀揺れ以降、一七世紀後半に至る紛争を表2-2に示した。天正一三年(一五八五)を画期とする変化は、地域紛争のあり方にも明瞭に投影されている。

表2-1の第一、第二期と比較すると、争点が山や川原利用、用水利用であることに変わりはないものの、違いがいくつも見出される。もっとも大きな違いは、紛争がすべて村同士の争いとなり、かつ件数が大幅に増えたことである。先の北内貴村の訴状からもわかるように、こうした傾向は、天正一三年を境に、村(ムラ・サト)を拠点にする新しい村造りの競争が隣村との争いをより激化させた結果とみてよいだろう。

違いの二つ目は、紛争の多くが豊臣や徳川の奉行・代官に訴え出るという形をとるようになったことである。荘園領主や室町幕府・守護などと訴訟先がいろいろだった第一期や、地侍たちの調停を主流とした第二期と異なり、訴訟先は統一政権の奉行や代官となった。しかも、第

1660(万治 3)	磯尾⇔龍法師	山利用	
1660(万治 3)	宇治河原⇔西内貴	川原	代官裁判
1664(寛文 4)	朝宮野尻⇔山城国山田	山境	
1664(寛文 4)	宇治河原⇔岩坂	山利用	代官裁判
1669(寛文 9)	池田⇔野川	山境	京都町奉行判決
1672(寛文 12)	神山⇔長野	山利用	
1673(寛文 13)	深川⇔森尻・虫生野	水争い	京都郡代裁判
(寛文年間)	野尻⇔柑子袋	用水	

一、第二期のように実力行使の果ての訴訟・調停という形ではなく、自分たちを「公儀への恭順者」と位置付け、相手側を「公儀への反逆者」と決めつけながら、早々に訴訟を選ぶ動きがはっきりと表れてくる。

牛飼の者ども罷《まか》り出、炭かまを打ち破り、あまつさえ御法度に背き信楽《しがらき》の者どもを散々に刃傷《にんじょう》つかまつり候儀、悪逆のはたらき候。(中略)百姓の身として公儀を恐れずほしいままの働き、重科《じゅうか》歴然の御事に候。

これは、慶長八年(一六〇三)、市原村など四カ村が牛飼村の狼藉《ろうぜき》を幕府の水口代官林伝右衛門《はやしでんえもん》に訴えた訴状の一節である(市原区有文書)。慶長八年といえば、まさに家康が将軍になり幕府を開いた年に当る。

「御法度に背き」と文中にあることからも明らかなように、領主

表 2-2　甲賀揺れ以後の紛争

年代	紛争村名	争点	解決形態など
〈第 3 期〉			
1594(文禄 3)	池田⇔野川	山境	豊臣奉行衆の裁判
1594(文禄 3)	宇治河原⇔宇田	川原	
1599(慶長 4)	宇治河原⇔宇田	川原	
1603(慶長 8)	牛飼⇔塩野・山上・市原・中	山利用	4ヵ村から代官宛訴状
1603(慶長 8)	池田⇔野川	山境	代官鉄火指示．仲人判状
1604(慶長 9)	宇治河原⇔北内貴	出入作	仲人鉄火提案．治定
1604(慶長 9)	宇治河原⇔宇田	川原	
1605(慶長 10)	宇治河原⇔宇田	川原	代官鉄火指示．仲人判状
1605(慶長 10)	北虫生野⇔南虫生野	用水	仲人判状
1606(慶長 11)	宇治河原⇔酒人	川原	仲人鉄火指示
1609(慶長 14)	北内貴⇔東内貴	山利用	京都所司代等受理．仲人判状
1611(慶長 16)	牛飼⇔塩野・山上・市原・中	山利用	仲人判状
1614(慶長 19)	宇治河原⇔西内貴	川原	西内貴火石を提案．仲人処理
1615(慶長 20)	宇治河原⇔岩坂	入会山	代官見分
1621(元和 7)	宇治河原⇔高山	虫送り・村境	代官へ訴訟
1622(元和 8)	宇治河原⇔宇田	用水	代官鉄火指示
〈第 4 期〉			
1633(寛永 10)	市原⇔杉谷	用水	奉行宛訴状
1634(寛永 11)	宇田⇔酒人	用水	代官見分
1637(寛永 14)	市原⇔塩野	入会山	奉行宛訴状
(寛永年間)	鮎河⇔北土山	山争い	
1645(正保 2)	宇治河原⇔内貴 3ヵ村	新溝	代官裁判
1648(慶安元)	宇治河原⇔内貴 3ヵ村	新溝	代官裁判
1650(慶安 3)	中⇔山上	山境	幕府評定所より絵図下付
1652(慶安 5)	市原⇔杣中	用水	代官宛訴状
1659(万治 2)	神山⇔伊賀	山境	
1659(万治 2)	杉谷⇔龍法師	山利用	幕府評定所裁判

の代官や奉行に訴え出る動きは、新しい領主権力が推進した実力行使の禁止政策に基づくものだった。右の紛争よりも後になるが、たとえば慶長一四年(一六〇九)二月二日付けで発令され、北内貴村の川田神社にもその写しがある二代将軍秀忠の法度書は、「弓・鑓《やり》・鉄砲にて互いに喧嘩いたし候者あらば、その一郷成敗《せいばい》いたすべきこと」として、紛争時の実力行使を禁じている。新しい権力は、大名間の紛争停止と同じく百姓間の武力衝突に対しても、自らに集中した武力(暴力)をちらつかせながら、「喧嘩停止《ちょうじ》」の強い姿勢で臨んでいた。

新しい領主権力を指す言葉として「公儀」という文言が使われ始めたことにも注目したい。この地域ではこの争論から「公儀」という表現が用いられるようになる。中世に淵源する「公儀」文言は、元来多様な内容を包含していたが、近世に入ると中央権力を意味する言葉になっていく。以下、本書では、戦国社会を否定して登場した近世領主を指して、「公儀領主」と呼ぶことにしよう(「公儀領主」については『朝尾直弘著作集3』参照)。

鉄火と調停

村造り競争のなかで急増する訴訟に対して、公儀領主はどのように対処しただろうか。表2-2の解決形態を眺めると、元和八年(一六二二)から寛永一〇年(一六三三)の間を境にして前後に区分できる。前者を第三期、後者を第四期としよう。

第三期。この時期の裁定方法の主流は、鉄火《てっか》裁判と仲人衆による調停である。ここにいう鉄火(火石《かせき》)とは、湯起請《ゆぎしょう》などと並ぶ神判《しんぱん》の一種で、双方の代表に熱した鉄の棒を握らせて火傷《やけど》のただれ方で正邪を判断しようとする方法である。また、仲人調停とは、公儀領主の構成員に登用された一部の地侍が行った紛争調停を指している。

鉄火裁判については、従来民衆による自律的な紛争解決法といった評価もあった。しかし、ここでは大塚活美氏の研究にしたがい、戦国期から近世初期、紛争処理を担当した新領主の奉行や代官がしばしば採用した方法で、時に劣勢側の村が申し出ることもあったとする見解に拠ってみたい。事実、表2-2にみえる甲賀地方の事例もこの解釈に合致しており、六回のうち五回までが幕府代官ないしは仲人からの指示、残り一回が紛争当事者の一方からの提案となっている。なお、第一章にて村絵図で眺めた酒人村も、慶長一一年(一六〇六)には鉄火を命じられた村として登場する。

だが、興味深いことに、このうち実際に鉄棒を握るところまで行った鉄火裁判はなく、この方法での判定は回避されるのが常だった。裁判の流れを見ると、どうやら鉄火は仲人衆による調停や当事者の要求撤回へと向かわせるための威《おど》しだったという印象が強い。たとえば慶長八年(一六〇三)に始まり同一〇年に落着した池田村と野川《のがわ》村の山争いは、次の二段階を経て決着している(池田区有文書)。

①慶長八年、野川村の衆が事を巧み無体《むたい》の儀を申し出たので、林伝右衛門殿の代官衆が柑子《こうじ》村《むら》(池田・野川の隣村)まで出勤された。そして、山の出入りの儀は「あいろん(相論)の火石」にて済ますべきだと命じられた。

②慶長一〇年、「将軍様の御奉公人」の六名が御判談なされ、係争の山は池田と多喜《たき》両郷の山と決まった。

①から②に至る途中経過はよくわからないが、結局、最初に提案された鉄火裁判は実施されず、その後に「将軍様の御奉公人」である仲人衆が示した調停案をもって落着したという。この手順は慶長九年の宇治河原と北内貴村の場合も、また慶長一〇年の宇治河原と宇田、慶長一一年の酒人と宇治河原の場合も同様である。「鉄火裁判の提案→調停案による決着」が、この期の紛争解決方法の路線だったとみてよいだろう。

ところで、仲人衆による調停だが、彼らの作成した調停文は、第二期の地侍たちの判状と同じ形式である。右の池田・野川村争論でいうと、調停者として美濃部姓三人、山中姓、儀俄《ぎか》姓、伴《ばん》姓各一人が仲人衆として名を連ね、「もし私曲偽りがある場合は(調停者が)起請文の罰を蒙る」とする。起請文言にも特段の変化はない。

しかし、両者の間には決定的な違いがあった。すなわち、第二期の調停が、紛争を収めようとする地侍衆独自の裁定だったのに対して、この期のそれは、鉄火の恫喝《どうかつ》を背景にした「将軍様の御奉公人」としての立場からの調停だったからである。戦国期に地侍衆が生み出した調停方式は、ここでは公儀領主の裁判の一部に組み込まれたものとなっている。その証拠に、池田・野川争論の仲人六人のうちの二人は、じつは地侍の両極分解の典型として紹介した美濃部右馬允と文左衛門父子である。彼らはここでは、地元侍衆の自治的管理組織であった郡中惣の奉行としてではなく、公儀領主の一員として紛争の仲介に当ったのである。

彼らの役割は、鉄火指示のなかった慶長一四年北内貴・東内貴争論の調停においても同じである。北内貴から提出され京都所司代の板倉勝重らが受理した訴訟は、その後、旧地侍の一員と思われる大原九兵衛《きゅうべえ》、山中伝右衛門《でんえもん》ら一〇人の判状によって決着している。

自らの公平性を神仏に誓約する地侍の起請文形式の調停から、鉄火(神意)で威嚇《いかく》しながら起請文型調停を援用する裁定へ。この変化のなかに、紛争処理や地域管理方法における戦国から近世への転換が鮮やかに映し出されている。

奉行の裁許

鉄火と仲人衆判状を主流とする第三期の解決形態は元和末年に終りを迎え、寛永期(一六二四〜四四)に入ると奉行の裁許《さいきょ》へと移行する。公儀領主裁判の完成過程とみてよいだろう。

この変化については、第三期の最後に位置する元和八年(一六二二)の宇治河原・宇田村の用水争論が興味深い。争論は宇田村経由で取水する宇治河原村が、宇田村の「横暴」を幕府代官に訴えたものだが(宇川共有文書)、ここには強圧的な鉄火裁判を拒否して、証拠にもとづく裁判へと向かわせようとする百姓側の強い意志が明瞭に表れている。

御蔵納《おくらのう》の御田地高《おでんちだか》四五〇石余を不作に致させる宇田村の者どもの悪逆の儀は、御公方様《おくぼうさま》へのいたずらと存じます。右の趣きを大窪兵左衛門尉《おおくぼへいざえもんのじょう》殿へ申し上げましたが、しかし、宇田村の者どもは御公儀を恐れず悪逆を巧むほどのいたずら者なので、偽りの答弁をしました。それに対して大窪殿は「鉄火」にすると仰せ出されました。(しかし、この件に関して、我々には)確かな証文があるので、鉄火には及ばないと考えます。そこで、訴状を持参して遠路江戸まで罷《まか》り下った次第です。

幕府代官の下代官《したがいかん》と思われる大窪兵左衛門の鉄火提案に対して、宇治河原村民は、証拠の証文があるからそれには及ばないと拒否するのである。鉄火裁判の後退には、百姓側の証拠にもとづいた裁判要求があったものとみられる。この時の訴えは、江戸に戻っていた代官の山岡図《ず》書頭《しょのかみ》(景以《かげもち》)の扱いとなり、その後、交替した小堀遠江守《とおとうみのかみ》(政一《まさかず》)の裁くところとなった。こうして威しと神罰仏罰を止揚《しよう》した第四期、奉行による公儀の裁判が始まるのである。

3　地元を去る者・残る者

蒲生氏の場合

甲賀地侍が相互に連携するヨコ型の領主化の道をたどり、その後、その道を否定されて両極へと分解していったのに対して、隣の蒲生郡ではタテ型の領主化運動が進展していた。蒲生氏など地元の土豪たちが、守護の六角氏を戦国大名へと押し上げながら領主化を目指したのである。そうした動きは、この時期に全国で展開した戦国大名創出の動きの典型である。そして、そのなかから近世の公儀領主も生み出された。戦国大名の形成から公儀領主の創出に至る全国的動向の縮図として、土豪から公儀領主へと成りあがっていった蒲生氏の足跡をたどってみよう。

さて、平将門《たいらのまさかど》の乱を平らげたともいわれる、平安中期の豪族藤原秀郷《ひでさと》の子孫を名乗る蒲生氏は、もとは蒲生郡日野谷《ひのだに》の十禅寺村《じゅうぜんじむら》付近を本拠とする土豪だったが、戦国期、近隣の土豪たちを支配下に組み入れながら勢力を伸ばし始めていた。

蒲生氏の領主化の路線の特徴は、上級権力に結び付きながら自己の力を伸長する方法を重視したことである。室町時代に秀貞《ひでさだ》―秀綱《ひでつな》―貞秀《さだひで》と続いた家系は、当初は伝統的に中央の室町将軍に直属する形態だったが、定秀《さだひで》(氏郷《うじさと》の祖父)の時代からは、同じ郡内の観音寺山《かんのんじやま》に本拠を置く守護六角氏と主従の関係を結び、六角氏を守り立てる形で地元での領主化を進める。永禄一〇年(一五六七)制定の六角氏式目《しきもく》は家臣団が起草した戦国大名家法として著名だが、二〇名の起草者のなかに蒲生定秀・賢秀《かたひで》父子も名を連ねている。

永禄一一年、信長軍の近江への到来は、戦国大名型の領主化の道を歩んでいたこの地の土豪たちにとっても大きな転機となった。六角氏を見限って織田軍に加わった蒲生氏は、江州衆《ごうしゅうしゅう》の一員として柴田勝家《しばたかついえ》の指揮下で統一戦争に参戦する。

日野城下町の建設は、蒲生氏が公儀領主への道をたどり始めた証拠として象徴的である。安土《あづち》と伊勢を結ぶ伊勢街道の市場だった日野市を、家臣団と商人の居住する城下町へと作り替え、天正一〇年(一五八二)には信長の安土に倣《なら》った楽市令《らくいちれい》を発布する。城下町を造りそこに家臣団と町人を集める政策の推進である。

そして、この地にも決定的な変化が生じる。天正一二年(一五八四)、秀吉により蒲生氏の伊勢国松ヶ島(現三重県、のちの松坂)への転封《てんぽう》が命じられるのである。蒲生氏郷は家臣団と町人および一部の寺院を引き連れて移っていく。以後、蒲生氏は、先祖伝来の地元に戻ることなく、後戻りできない公儀領主の道を邁進《まいしん》することになる。

表2-3に、氏郷を中心にした略年表を示した。伊勢に移った六年後の天正一八年、今度は会津《あいづ》黒川（現福島県、のちの会津若松）へ転封となり、進駐軍として東北地方の近世化の先陣を担う。仙台地方の土豪や百姓たちが起こした大崎・葛西《かさい》一揆の鎮圧、会津若松城と城下町の建設、などなど。氏郷は、近江から遠く離れた新天地で、つぎつぎと近世化政策を推進する。

慶長七年（一六〇二）、氏郷の子秀行が定めた領内統治一七カ条から一、二引用してみよう。

一、在々所々、田畑荒らし候わば、百姓の曲事《くせごと》（処罰されるべき違法）たるべきこと。（第一条）

一、夫銭《ぶせん》・夫米《ぶまい》（労働提供の代わりの銭や米）、百姓に申し付け候こと御停止《ごちょうじ》に候。但し、事により百姓と談合《だんごう》つかまつり、百姓合点《がってん》のうえは、各別たるべきこと。（第一〇条）

一、この置目《おきめ》、給人《きゅうにん》（下級家臣）あい破り、非分《ひぶん》の儀申しかけられ候わば、百姓目安《めやす》をもって、郡奉行まで申すべき事。（第一二条）

表 2-3　蒲生氏略年表

大永 2(1522)	蒲生定秀(氏郷祖父)，この頃日野城を築く
弘治 2(1556)	蒲生氏郷生まれる(定秀の長子である賢秀の三男)
永禄 6(1563)	六角氏家中騒動．定秀(祖父)，六角義治を日野城に匿う
永禄 10(1567)	六角氏式目制定
永禄 11(1568)	織田信長，六角氏を攻撃．賢秀降伏
永禄 12(1569)	氏郷，初陣．日野に帰還
元亀 2(1571)	氏郷，長島一向一揆攻撃に出陣(天正 2 年も)
天正 9(1581)	氏郷，伊勢惣国一揆攻撃に参加
天正 10(1582)	本能寺の変．氏郷，日野城下町定書を出す
天正 12(1584)	賢秀没(51 歳)．氏郷，小牧・長久手の戦いに従軍．恩賞 12 万石．伊勢松ヶ島城主に
天正 13(1585)	氏郷，キリシタンになる(洗礼名レオン)
天正 15(1587)	伊勢国検地
天正 18(1590)	氏郷，会津黒川に移る．大崎・葛西一揆を鎮圧．奥羽検地(～19 年)
天正 19(1591)	氏郷，73 万 4 千石
文禄元(1591)	氏郷，城と城下町建設(会津若松)
文禄 4(1595)	氏郷，肥前名護屋に出陣．氏郷没(40 歳)．秀行襲封
慶長 3(1598)	秀行，宇都宮へ転封 12 万石
慶長 6(1601)	秀行，会津へ転封 60 万石
慶長 7(1602)	秀行，領内統治 17 カ条を発布
慶長 17(1612)	秀行没(30 歳)．忠郷襲封
寛永 3(1626)	忠知(忠郷の弟)，出羽上山 4 万石
寛永 4(1627)	忠郷没(26 歳)．会津無嗣により収公．忠知，伊予松山へ転封 24 万石
寛永 11(1634)	忠知没(30 歳)．無嗣により蒲生氏断絶

百姓に農業専念を命じ、給人の非法を禁じる公儀領主そのものの法度である。

ちなみに、蒲生氏が去った日野地方は、その後、秀吉直轄領、水口藩領、徳川直轄領と推移するが、こちらはこちらで新来の領主による同様の施策が進められる。

残念ながら蒲生氏自身は、その後、家臣団の内紛による御家騒動が絶えず、下野国《しもつけのくに》宇都宮(現栃木県)への減封や伊予国松山(現愛媛県)への転封の後、最終的には、寛永一一年(一六三四)無嗣による御家断絶となってしまうのだが、しかし、地元の土豪から近世大名へと飛躍し、自己変革していった蒲生氏の姿は、近世の公儀領主形成の典型といってよいだろう。

兄の道・弟の道

このように近江国蒲生郡では、蒲生氏に代表されるようなタテ型の領主化の動きが卓越したが、ここでも土豪・地侍の間には、地元を離れて公儀領主の一員へ転身する者と、地元に残って百姓化する者への分極化がみられた。兄と弟が別の道を歩むことになった吉倉《よしくら》氏の事例を紹介しよう。

吉倉氏は日野川の支流佐久良《さくら》川の中流域、近江国蒲生郡中之郷《なかのごう》を本拠とする土豪である。同家には天正一二年(一五八四)に秀吉から与えられた知行目録(領地の書き上げ)を始め、家系に関する古文書が多数保存されており、戦国期に遡って家の歴史をたどることができる。一八世紀初頭に作成された「吉倉家家筋の覚《おぼえ》」などから系図を作り(図2-2)、家系の流れを要約して

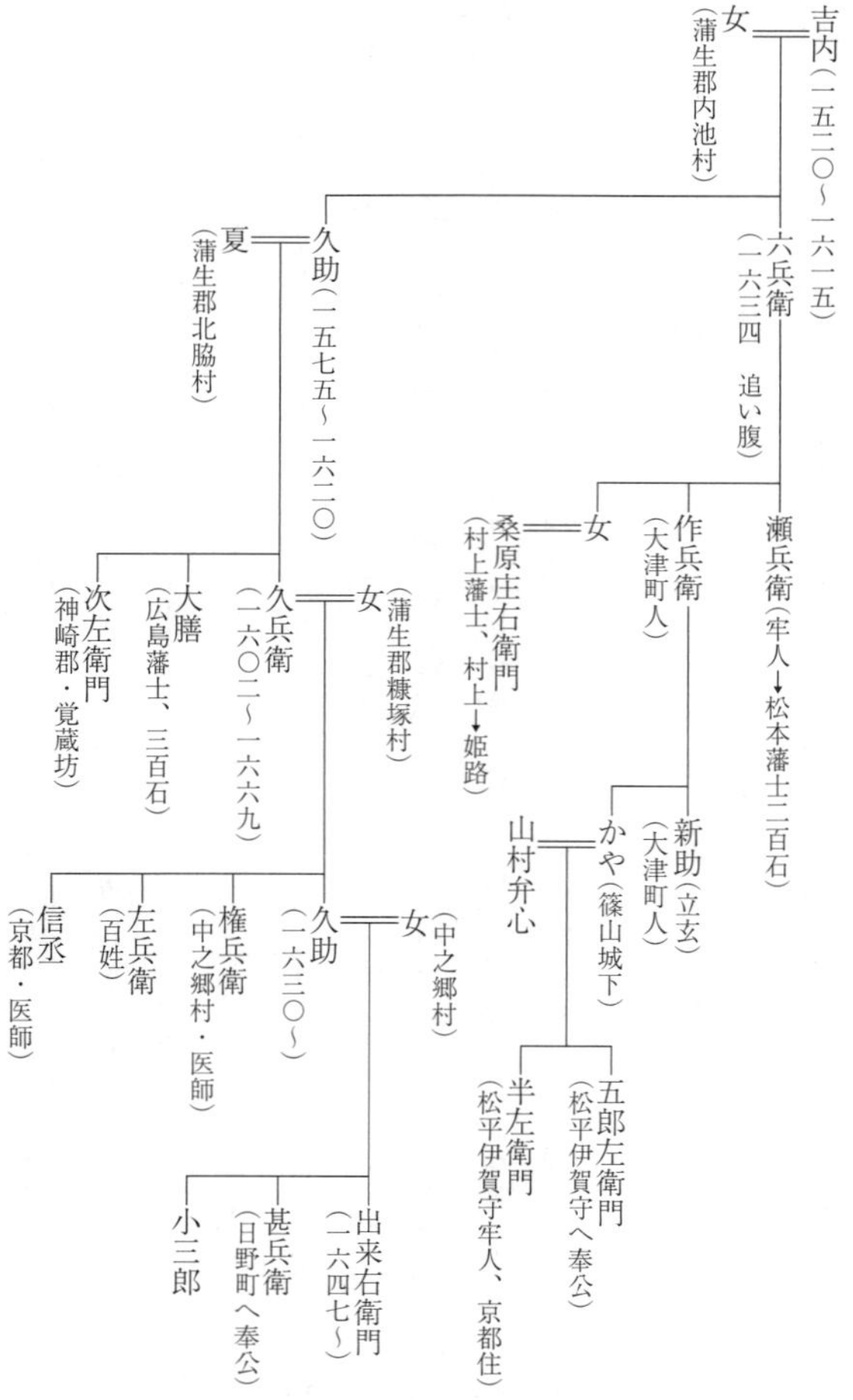

図2-2　吉倉家系図（宝永4年〈1707〉時点）

みる（系図登場人物に傍線をつけた）。

- 江州蒲生郡中之郷の吉倉吉内《きちない》は、蒲生左兵衛大夫《さひょうえたゆう》殿（定秀、賢秀）に奉公していた。吉内には六兵衛《ろくべえ》と久助《きゅうすけ》という二人の倅《せがれ》がいた。蒲生左兵衛大夫殿（賢秀）、忠三郎《ちゅうざぶろう》殿（氏郷）が日野中野城から伊勢松坂の城へ国替の時、中風《ちゅうぶう》の吉内は年をとっていたので、暇《いとま》を申し請けて、在所の中之郷村に土着した。倅のうち兄の六兵衛は蒲生氏に随って伊勢に移り、弟久助は吉内に付き添い村に残った。
- その後、兄六兵衛は蒲生の家中でだんだん出世し、後に奥州会津若松へ御供《おとも》し、知行千石取りとなった。その後、蒲生氏の伊予松山への国替にも御供したが、蒲生殿（忠知《ただちか》）が病死された時、六兵衛は追い腹をして相果てた。
- 吉内とともに中之郷村に残った弟の久助は、同郡北脇村の夏と結婚し、三人の倅をもうけた。長男の久兵衛は同郡糠塚《ぬかづか》村から嫁をもらい、跡を継ぐ。次男の大膳《だいぜん》は広島藩士になり、三男次左衛門《じざえもん》は（近江国）神崎郡《かんざきぐん》で僧侶になった。
- 蒲生氏に随った兄の六兵衛には瀬兵衛《せべえ》と作兵衛《さくべえ》という倅と、娘が一人いた。兄の瀬兵衛は牢人の後、信濃松本藩で知行二百石を給わり、江戸詰めとなった。弟の作兵衛は父六兵衛所持の金銀を元手に近江国大津で町人になった。娘は越後村上藩松平《まつだいら》氏の家臣に嫁し、夫に従って村上から姫路へと移り住んだ。

と、このように続いていく。蒲生氏の家臣だった中之郷の土豪吉倉吉内の長男六兵衛は、蒲生氏の家臣として領主の道を歩み、しかし、松山で殉死《じゅんし》した。子供の一人は仕官先を見つけ、一人は町人になったという。他方、吉内の次男久助は、蒲生氏の転封に随わず父とともに地元に残った。そして、彼の家は代々百姓として継承されていった。兄弟の一方は地元を離れて公儀領主の一員(武士)となり他方は地元に残って百姓を営む、という土豪・地侍の両極分化の典型的な事例である。一六世紀から一七世紀に生じた社会変革は、全国各地で、個々の家々、親子兄弟の一人ひとりのレベルにまで立ち入って生き方の選択・自己変革を迫るラジカルなものだったのである。

ただし、この吉倉家の弟久助の家系については少し注釈を加えておかねばならない。というのは、久助は、他の百姓とは違い、父吉内の功績によって秀吉から一五石ほどの朱印地《しゅいんち》(免税地)を与えられていたのである。この権利は中之郷村が元和三年(一六一七)に彦根藩領となってからも受け継がれ、さらに藩から苗字帯刀《みょうじたいとう》や宗門改帳別立てという特別待遇も与えられた。しかし、その後、朱印地は売却や質入れによって多くが同村や他村の百姓の手に移り、「家筋の覚」作成の一八世紀初頭の時点では八斗程度にまで減少していた。蒲生氏家臣だったことや免税地を下付されたという歴史は、同家の「由緒」や「家格」の形で子孫に継承されることになる。

村内身分

最近の研究によれば、地元に残った地侍のなかには、宿駅の本陣《ほんじん》・問屋《とんや》や、旗本の在地代官になるなど、近世の地域社会において枢要な地位を占めた者たちの存在が明らかになっている(『甲賀市史 3』)。たとえば、第一章2節の「村の形」で取り上げた蒲生郡中山村の地侍だった岡崎氏の家系は、地元に戻った後、新しい領主のもとで大庄屋となり、新田ムラ「徳谷」の開発人としても活躍した。また、関東に出店し酒造業を開業するなど、同家の近江商人としての活動も進む(岡崎敬賢《おかざきよしかた》『九百年の歴史を訊ねて』)。百姓コースをたどった地侍の一つの典型といえるだろう。百姓の社会観の事例として次章で紹介する河内屋可正《かわちやかしょう》も、祖父は地侍から転じた酒造業者であり、父も地主にして酒造を営む村の中心人物だった。

他方、近世に入ってからも、旧地侍たちが村内で特別の権利を持ち、排他的な身分集団を形成して一般の百姓と対立することも少なくなかった。元和三年に蒲生郡下大森《しもおおもり》村で旧侍衆たちが定めた掟(極め、法度)は、そうした結束を示す好例である(『八日市市史 6』)。

侍衆きわめの事

一、今度百姓と騒動になった件については内々に相談する。
一、一人でも、百姓側の味方をした場合は処罰する。
一、右の法度に決して背かない。

元和三巳《み》十二月十二日　四郎兵衛殿(花押)　喜右衛門尉(花押)(ほか八名略)

お互いに内談しながら村内の百姓に対抗することを取り決めている。「侍衆」という自称が示すように、彼らがかつて蒲生氏や吉倉氏などと同類の地侍集団だったことは確実である。この時の争点は明らかではないが、他村の事例に鑑みると、紛争は領主に命じられた人足負担(人夫仕事)か、あるいは村仕事の分担方法をめぐってだったと推測される。近江国栗太《くりた》郡の小《お》田原《だわら》村では、寛文元年(一六六一)、旧地侍(「すねふり」)の特権だった「人足役」「歩き役」(連絡係の仕事)免除をめぐって一般百姓との間に紛争が起きている。帰農した地侍を抱え込んだ村では、このように地侍の特権や権威が存続することも多かったのである。

しかし、そうした旧侍衆に対する特別待遇も徐々に否定され、村民一体の村運営のなかに吸収・包摂される方向へと向かった。たとえばそれは、元禄九年(一六九六)、近江国神崎郡種村《たね》の侍方百姓(旧地侍衆)が、「村中残らずの同心」を得て「村中相談」の下で行動すると決めたことなどによく示されている。

以上、近江国をフィールドにしながら、近世村誕生に関わる経緯を探った。「ムラ・ノラ・ヤマ」を村域とし、そのまとまりを「村高」として数量化された近世村は、信長に始まる新しい領主権力(公儀領主)の社会改造政策によって生み出されたものだった。その前史には、近世村の母体となるムラ(サト)を拠点とした村衆の活発な生産活動や生産条件の取り合いをめぐるムラ同士の紛争があり、また、そうした村衆の活動を背景にした地侍たちのタテ・ヨコに連なる各種の領主化運動や相互の抗争があった。公儀領主は、こうした社会変動の過程で生まれた権力であり、地元の個別利害からの離脱や、武士と百姓という身分的な峻別などの厳しい自己変革を行いながら、新しい社会の仕組みを作ったのである。

こうして、日本列島の農村社会は、地元の外側から統治に当る公儀領主(武士)と、村の主役として生産活動に携わる百姓という組み合わせによる近世という時代へと進むことになる。

第三章　百姓と領主

1　村の掟と村役人

村衆を担い手として歴史の表舞台に登場した村は、公議領主による検地・石高政策によって村域と村高を確定され、社会統治の基礎単位になった。この章では、出来上がった近世社会における村のルールや、百姓と公儀領主の関係を観察する。第一章で描いた「近世の村と国家の模式図」(図1-10)でいえば、主として村(Ⅰ〜Ⅲ)と国家(領主、Ⅳ)の間の関係が対象である。

村の掟

まず、村を律する村の掟から始めよう。近世の村社会を特徴づけるのは村掟である。村はどこでも自分たちの手で掟を作っていた。農業用水や共有山の利用から日常生活にいたるまで、緊密な連携を必要とする農業社会にあっては、他所からの奉公人を含むすべての村構成員を統制し、違反者に対して制裁を加えるルールが必要だった。

代表的な村掟を一つあげてみよう。寛文二年(一六六二)、近江国蒲生郡の平野部に位置する三津屋《みつや》村で定められた村掟である。冒頭に「惣中《そうちゅう》法度の事」と記したうえで、村内各家の当主四三人の連名で次のような内容を取り決めている(『八日市市史　6』)。


•どのような農作業であっても、また柴木《しばき》集めでも、日が暮れてから取り入れをしてはいけない。止むを得ず行う時は、松明《たいまつ》を灯《とも》して行くように。

•盗人を仕留めた時は褒美として米一石を遣わす。奉公人や子供であっても、盗みを働いたと思われる者を宿泊させてはいけない。

•二月一日から一一月一日までの間は、木の葉の掻《か》き集めをしてはいけない。もし盗み掻きした者は、米五升の罰とする。

•田の畦《あぜ》や池回りなどの草を刈ってはいけない。もし違反した場合は子供であっても米五升の罰とする。

•牛馬に田畑の作物を食べさせた時は、米五升を地主に払うこと。多量に食べさせた場合はそれ相応の額を弁償すること。

•不審な者については一夜であっても宿泊させてはいけない。

•他村の者と、何事についても争論をしてはいけない。

生産物や林野資源に対する窃盗行為は、近世村の村掟の中心的テーマだった。とくに、農作業を行う時間帯を日暮れまでとした第一条や、二月一日から一一月一日の間を木の葉採集禁止期間と決めた第三条など、時を区切って村民の行動を制限し、一律行動を強制するところに、村掟の特徴がよく表れている。

この村では米五升が制裁の標準だったが、近世村では掟に違反した者に対する制裁を取り決め、実際に執行していた。各地の村掟を読んでみると、制裁の種類はおおむね追放刑を頂点に、付き合い禁止(村八分)、見せしめ刑、罰金刑から構成されていた。犯人を村から追い出す追放刑は、悪質な盗みや村の権益毀損《きそん》者に科されることが多く、付き合い禁止は追放に至らない村益毀損者に対して発動されることが多かった。また、見せしめ刑には、坊主にして謹慎させる、片鬢《かたびん》を剃り落とし赤頭巾を着せて葬式行列の前に立たせる、人前に出る時は赤頭巾を被せるなど各種あった。なかには前代以来の慣習と思われる「耳をそぎ追放する」といった過酷な制裁を掲げる村もあった。

制裁と摘発法

犯人の摘発方法としては、現行犯は別として、広く「入札《いれふだ》」(投票)や「家捜《やさが》し」が行われていた。美濃国恵那《えな》郡木之実《きのみ》村(現岐阜県)で野荒らし(作物荒らし)を働いた犯人を特定したプロセスは、村の犯罪摘発法の代表的なケースである(『岐阜県史　史料編近世　8』)。

野荒らしがあり村中を吟味《ぎんみ》(聞き込み捜査)したが、犯人はわからなかった。そこで村中相談の結果、入札をすることになった。開票の結果、七割の票に嘉兵衛とあったので、彼の家の家捜しをしたところ、不当な物が見つかった。そこで、これは何かと取り調べたところ、渡世を送り兼ねて穀物を取り、野荒らしをしたと白状した。

聞き込み→入札→家捜し→取調べといった手順がよくわかる。村によっては、犯罪者を摘発するために庄屋宅門前に入札箱を常置するところや、順番に竹筒を回して投票させる村もあった。

近世村の犯罪摘発や制裁に神仏や山伏《やまぶし》の呪力が関わっていたことも見落とせない。安房国《あわのくに》安房郡(現千葉県)では、盗品発見のために山伏の力を借りることがあった(『近世農政史料集 3』)。たとえば、同郡相浜《あいはま》村では、明和《めいわ》六年(一七六九)六月に孫左衛門方で鰹《かつお》の元手金一四両が盗まれた際、茅野《かやの》と館山《たてやま》から山伏を頼み、祈禱によって盗品の発見を試みている。また、村の制裁文言に、追放刑と併記して「氏神の罰が当って地獄へ落ちる」と記す村掟も散見される。鉄火裁判など、外部から強制された神判については拒否の態度をとった近世村民も、自村の守護や秩序維持については進んで神仏の力に依存することが少なくなかった。

村役　村の権益を守り、村の秩序を保つことが生産・生活維持の必要条件だった近世村にあって、村民には果たすべき役割・負担があった。摂津国島上《しまがみ》郡津之江《つのえ》村(現大阪府)では、安永八年(一七七九)、村民として果たすべき諸役を書き上げ、不参加の場合には歩米《ぶまい》(代納の米)を村に納めると誓約している(『高槻市史　4(2)』)。

定

一、火消し　　歩米三升
(中略。「堤水番《つつみみずばん》」「用水」「悪水《あくすい》」「井路浚《さら》え」「藻刈《もか》り」「貰い水」「夜番《よばん》」「村中家別総出不参」のいずれも歩米を三升とする)

右の通り、先規より(村方総出について)定めているが、近年不徹底なので、この度改め、不参加の場合は村方へ右の歩米を差し出す様に取り決める。

ただし、独身者でよんどころない差し支えがある場合や、病気の場合はその旨を村へ届け出ること。様子次第で聞き届け、改めて申し付ける。

付則、作業の種類により村から賃米を支給することもあるが、その場合でも不参者は歩米

を出すこと。(以下略。村民八〇名連署、庄屋・年寄宛)

村総出の役として、防火(火消し)、防犯(夜番)、水の管理があげられるところに、村が村民の暮らしと農業生産活動のための共同組織だったことが象徴的に示されている。津之江村の場合は平野部の稲作農村だが、これが山村であれば入会山管理の山番なども重要な村役になる。

村役を十全に勤めるために婚姻を急いだ事例もある。同じ摂津国島上郡の神内《こうない》村では、宝永三年(一七〇六)、三郎右衛門《さぶろうえもん》後家とその親類からこんな申し出が村役人にあったという(高槻市史収集史料)。

神内村三郎右衛門後家は男子がいないために村役なども勤めることができません。そこで、親類の山城国乙訓《おとくに》郡出灰《いずりは》村長右衛門《ちょうえもん》の弟である六助《ろくすけ》三五歳と後家娘を引き合わせ、村役なども勤めさせたいと存じます。

村役を勤めるために婚姻が急がれた事例である。村で生活する村民にとって、村役＝村の維持は第一義的な大事だった。

労賃も定める

近世も後期になると、村民生活の多様化に対応して、より詳細な内容の掟も作られた。幕末の安政《あんせい》七年（一八六〇）河内国渋川《しぶかわ》郡大平寺《たいへいじ》村（現大阪府）で作成された掟「取締り箇条申し固め一同連判《れんぱん》帳」は、近世の村社会のあり方をもっとも鋭角的に語る内容となっている。取り決めは全部で一七カ条にものぼる。内容をグループ分けして示す（丸数字は箇条の順番。前田正治編著『日本近世村法の研究』より）。

- 公儀関係　①公儀の法度を堅く守ること。
- 村役人関係　②領主の役所（幕府信楽《しがらき》代官所）へ村役人が出張する場合の旅費の規程。③村の公用で大坂に出張する際の旅費規程。⑧村方取締りを補佐する年行司《ねんぎょうじ》を五人組頭から選定すること。
- 村財政関係　④宗門改に際して各家から筆紙墨料を徴収する。⑯年貢米搬送の日当額の設定。⑰村政運営諸経費の設定。
- 村役　⑦村で行う道普請《みちぶしん》への遅刻者や怠け者からは一日に銀三匁《もんめ》を徴収すること。
- 村民の移動・破産　⑤村役人に無断で子供を奉公に出すことを禁じる。⑩「身代《しんだい》限り（破産）」の者の扱いについて。他の百姓と同席させないなど。⑪家出（挙家《きょか》離村）の取締り。生じた場合は親戚と五人組に未納年貢などを弁済させる。
●村内の営業・遊芸　⑥村内での酒売り禁止。⑮村内での闘鶏の禁止。
●奉公人労賃の管理　⑨村内での繰《く》り綿《わた》打ち労賃の(上限の)設定。⑫村内の諸労賃の設定(表3－1)。
●地主・小作関係　⑭小作年貢の納入期限の設定(一二月一〇日以前)。
●倹約　⑫葬儀は質素に行い、各諸勘定帳を作成し村に提出し監査を受けること。⑬衣服・履物《はきもの》は身分相応に。

表3-1　河内国大平寺村の労賃(安政7年〈1860〉, 大平寺村村掟より)

男　牛遣い日雇い賃	一日銭150文 他に30文酒代
男　麦秋日雇い賃	一日200文
男　飛び入り日雇い賃	一日150文
女　夏向き草取り万事	185文
女　麦扱き日雇い賃	110文
女　夏向き水かき日雇い賃	110文
女　稲扱き日雇い賃	110文
女　夏綿まびき日雇い賃	185文
女　綿取り日雇い賃	185文
御米浜出し賃一石につき	100文
浜より干鰯上げ一駄につき	100文
浜より小便上げ二荷につき	40文

内容は公儀法度の順守に始まり、村役人・村財政関係から、村役、村民の移動・破産への対応、葬式費用の点検にまで及んでいる。村が村民の日常生活にまで深く立ち入って管理している様子がよくわかる。なかでも興味深いのが、⑨条、⑫条で決められた労賃の設定である。内々で高額を支給する雇用主がいて賃金が高騰し皆が迷惑している、というのが

設定の理由だが、こうした取り決めは村民の協調的な生活を目指す反面、奉公人の待遇向上を抑止する力として働いた点も見落とせない。村内で百姓間に格差が広がり、階層分化が進んだ場合、村掟は特定階層の利害を代弁する性格を強めることにもなる。

村役人の選出

村掟の制定を始めとして、村の運営は村役人を中心に行われた。庄屋《しょうや》・年寄《としより》、あるいは名主《なぬし》・組頭《くみがしら》などと名付けられる役職で構成される村役人組織の設置は、村を統治の単位とする近世領主によって推進されたが、人選はおおむね村の意向に任された。そのため、選定方法は村によって異なり、前代の土豪・地侍などの家筋が世襲する村がある一方、村民の選挙によって選ぶ村も多かった。村掟で庄屋選出方法や給料を定めた事例を近江の村から二件紹介しよう。

前章にも登場した近江国甲賀郡北内貴村では、寛文九年(一六六九)、「相定め申す庄屋の事」と題する取り決めをしている(川田神社文書)。

一、庄屋は二年交替とする。給分は年に二石ずつに定める。庄屋屋敷への課税は、殿様から免除されるはずだが、もし免除されなければ、惣(村)で負担する。庄屋を三年以上勤める場合は、給分は年に一石ずつとする。

一、肝煎《きもいり》の役は一年ずつとする。給分は四斗。

一七世紀後期、北内貴村では、庄屋は原則として二年交替、庄屋を補佐する肝煎は一年交替のルールだった。

蒲生郡鎌掛《かいがけ》村では、宝暦《ほうれき》八年(一七五八)に庄屋の交代があった。その当時同村の領主だった幕府代官石原清左衛門《いしはらせいざえもん》役所へ提出された願書《がんしょ》に、選任の経緯が記されている(瀬川欣一《きんいち》氏収集文書)。

庄屋新左衛門《しんざえもん》は多病で御用が勤めがたく困っていました。このことを村方へ諮《はか》ったところ、もっともだと皆が了解し退役を了承しました。新左衛門は庄屋在役中、諸勘定はもちろんのこと、村民との間で揉《も》め事もありませんでした。このようなことなので、新左衛門の休役を許可してください。後役については村法にもとづく入札の結果、平蔵《へいぞう》に札が多く入りました。彼はふだんから実儀ある者なので村中納得のうえ、後役に頼む事にしました。村中連印の書付をもってお願いしますので、今後彼に御用を仰せつけください。

本文の後には現庄屋の新左衛門、年寄三名と百姓たちの署名があり、その末尾に「跡《あと》庄屋」として平蔵が署名している。この願書と同じ月日以後に作成された文書類はすべて「庄屋平蔵」名であるところから、庄屋交代の申請はすぐに受理されたとみてよい。

なお、右の文面にある「新左衛門は庄屋在役中、諸勘定はもちろんのこと、村民との間で揉め事もありませんでした」というくだりは重要である。庄屋を長とする村役人組織は、今でいえば税務署、警察署、市役所、地方裁判所などの役割を一手に担っており、それらの業務を遂行する過程で一般村民との間で紛争(村方騒動《むらかたそうどう》)が生じることも少なくなかった。新左衛門はそうしたトラブルを生むこともなく、模範的な庄屋として業務を全うし退役したのである。

2　法度と掟

公儀の法度

ところで、地侍の両極分化のなかから生まれ出た公儀領主は、鉄火による恫喝なども用いながら村落間の紛争を裁き、地域秩序の管理に乗り出していた。公儀領主の定める法や彼らが執行する裁判と、百姓たちの村掟とはどのような関係にあっただろうか。

まず、大名(公儀領主)が自領民に対して発した法度を一つ示す(『八日市市史 6』)。

一、吉利支丹《キリシタン》御穿鑿《ごせんさく》改め、五人組に申し付け、油断なく吟味つかまつり、怪《あや》しき者も候わば、きっと披露を遂《と》ぐべく候。なお、御公儀御制札《ごせいさつ》の旨を相守るべき事。（第一条）

一、博奕《ばくち》その外、少分の勝負事なりとも堅くつかまつるまじき事。（第五条）

一、徒党《ととう》だち誓約をなす者、何よりもって曲事《くせごと》たるべく候。御領内において左様のいたずら者も候わば、きっと申し上ぐべく候。隠し置き脇より顕《あら》われ候わば、庄屋・肝煎越度《おちど》たるべき事。（第六条）

一、前々より有り来たり候とも、頼母子《たのもし》と申す事つかまつるまじく候。惣じて費《ついえ》の儀、吟味つかまつる事。（第八条）

右の条々御領分庄屋・肝煎、百姓中に五人組を申し付け、万事吟味つかまつるべく候。もし違犯の輩《ともがら》これあるにおいては、きっと披露申すべく候。

万治《まんじ》二年（一六五九）、仙台藩が近江国の飛び地領村々に通達した法度である。全九カ条からなる本法度は、冒頭に国是のキリシタン禁止を謳い、第二条以下に、博奕の禁止、徒党・ならず者の取締り、生活管理などをあげる。まずは典型的な公儀領主の領内統治の法度である。公儀領主は領民が順守すべき法をこうした法度の形で公示していた。

公儀の刑罰

公儀の法度への違反者に対しては奉行所での取り調べのうえ、刑罰が科されたが、それは死刑を頂点にした過酷な体系だった。村掟の中心的テーマでもある盗みについて、幕府制定の「公事方御定書《くじかたおさだめがき》」(寛保《かんぽう》二年〈一七四二〉成立)でみると、以下のような序列になっている。

追剝《おいはぎ》(恐喝して所持品を奪う)―獄門《ごくもん》(晒《さら》し首)/追落し(追剝に準じる恐喝)―死罪/押し込み(強盗)―頭取《とうどり》(首謀者)は獄門・同類は死罪/忍び入りの盗み―死罪/戸明《とあ》きの盗み―入れ墨のうえ重敲《じゅうたた》き/手元の盗み―一〇両以上は死罪。一〇両以下は入れ墨のうえ敲き/軽き盗み―敲き/盗人の手引き致し候者―死罪/片輪者《かたわもの》の所持品を盗み取り候者―死罪/悪党と知りながら宿致し、盗物売り払いなどの者―死罪。

ただし、これらは享保年間(一七一六~三六)になって減刑されたものであり、それ以前は「大概死罪」が科されていた。たとえば寛永一四年(一六三七)から明暦元年(一六五五)の間に、京都所司代が窃盗犯に科した刑罰は多くが磔刑《たっけい》か晒し首刑であり、長崎奉行も一七世紀後半、盗犯の過半に対して死刑を科している（表3－2）。

近世の公儀領主は、領民が守るべき法度を制定し、違反者には過酷な刑罰を科することで領域の秩序維持を図っていた。

公儀への依存

公儀の法度や刑罰に対して、村掟はどのような位置関係にあっただろうか。近江国野洲《やす》郡安治《あわじ》村（現滋賀県）の延宝三年（一六七五）の村掟が、この問に対してヒントを提供してくれる。

次節でも取り上げるので、この村の概要を紹介しておくと、琵琶湖の湖岸に立地した同村は、村高六一九石余、家数は六〇軒前後の近江農村にあって標準的な規模の村である。織田信長領、徳川家康領を経て山城淀《よど》藩領となり、寛文期（一六六一～七三）には同藩と幕府領の二給、元禄期（一六八八～一七〇四）には淀藩・幕府・三上藩の三給、さらに、天明《てんめい》年間（一七八一～八九）には淀藩、三上藩、旗本根来《ねごろ》氏、同板倉氏が分有する相給村《あいきゅうむら》として推移した。

表3-2　盗犯に対する長崎奉行所の刑罰（寛文6年〈1666〉～元禄4年〈1691〉）

刑罰の種類	人数	
火罪	1	67
磔	9	
刎首獄門	22	
刎首	3	
斬罪	31	
死罪	1	
流罪	11	55
長崎十里四方追放	36	
籠舎	7	
非人	1	
計	122	

さて、その村掟である。「法度の事」と題し

て延宝三年六月一六日に制定された掟は全三カ条からなる(安治共有文書)。

一、地下中《じげちゅう》寄り合いの上にてあい極め申し候。立毛《たちげ》・きひ(黍)・綿ぬすみ申し候わば、くわたい(過怠)として米京升《きょうます》五斗・せに(銭)壱貫文。米五斗は地下へ、五百文訴人へ遣《つかわ》すべし。五百文とられ主《ぬし》へ遣すべき御事。

一、右の外に何にてもぬすみつかまつり候わば、くわたいとして、せに壱貫文地下へ。壱貫文、内五百文訴人に遣すべし。五百文はとられ主に遣すべし。五人組をはすし(外し)申すべく候御事。

一、家へ入りぬすみつかまつり候わば、御公儀様へ御訴訟申し上げ、村をはらい(払い)申すべく候。後日のため、よってくだんの如し。

掟の第一条は、作物荒らしに対する制裁である。犯人に対して米五斗と銭一貫文の制裁を科すとしたうえで、米五斗は地下《じげ》(村)へ納めさせ、銭一貫文は発見者(訴人)と被害者(取られ主)の折半としている。第二条でも同様に盗みに対する制裁金について触れ、犯人に科した制裁金(一貫文)の配分は、村=一貫文、発見者=五〇〇文、被害者=五〇〇文とする。いずれも村が自力で制裁を加えることを謳ったものである。制裁米金の一部を村に納めさせるという方式は、今の私たちには馴染みにくい感覚だが、犯罪を犯人と被害者間の関係にとどめず、村の秩序に対する反逆行為とみなす考え方によるものだろう。

前二条に対して第三条は異なる性質の内容である。家屋に侵入した盗みについては、公儀に告発し村から追放するというのである。公儀への告発と村からの追放との関係はやや不分明だが、村の自力によってではなく公儀の力に依存しての処置であることは明瞭である。つまり、この村掟は、作物荒らし＝村（自力）で処分、家屋侵入の窃盗＝公儀（他力）に告発、の組み合わせから成り立っている。

近世の村掟が制裁を科すにあたって、このような村の力と公儀の力の二元的構造をとったことは、他村の掟からも裏付けられる。同じく近江国の蒲生郡中小森《なかこもり》村が享保八年（一七二三）に定めた「地下《じげ》法度《はっと》」（村掟）では、村民生活や農作業に対する村の規制を列挙した上で、「罪の軽重によって御公儀様へ申し上げる、軽罪は地下法度に則って申し付ける」とする。ここでも制裁は二元的である。近世村における村掟は自力による制裁と、過酷な刑罰からなる公儀領主への依存とを組み合わせた構造だったとみてよい。

従来、近世の村掟については、領主権力に黙認されたローカルな慣習法とか、権力によって自治・自律的性格を剝奪され骨抜きにされた法、といった低い評価が一般的だった。

しかし、まずもって公儀の法度や戦国期の臨戦態勢下の掟を高く評価したうえで、それとの比較で近世の村掟を採点するという方法は、はたして妥当だろうか。そんな疑問を持ちながら、改めて法度と掟の文面を読み較べてみると、両者の間には基本的な点でズレのあることに気がつく。

先に掲げた仙台藩の法度に即していえば、怪しい者や徒党をなす者、いたずら者などがいたら、速やかに公儀に訴え出よと謳っている。しかし、安治村や中小森村の掟では、作物荒らしは罰金刑、その他の盗みも罰金刑、ただし家屋内への侵入は公儀へ告発、というように、村で犯罪を分類し、村で制裁の種類や等級を決めている。つまり、百姓たちにとって、公儀への告発・依存は、村で決める制裁の選択肢の一つという位置づけである。とすると、両者の関係は、上位の法度と下位の掟という一元的上下関係とはいいにくいし、警察権や裁判権(検断権《けんだん》)を剝奪され骨抜きにされた戦国掟の残滓《ざんし》ともいえないだろう。

公儀も依存

その上で、さらに公儀の法度を注意深く読んでみると、じつは公儀権力の側も村の力に依存し期待している様子が随所に見出される。同じく仙台藩の法度でいえば、キリシタンの穿鑿《せんさく》は、百姓たちが「きっと披露を」遂げることで初めて可能になる。いたずら者の取締りも、百姓たちが「きっと申し上」げることからスタートする。要するに、百姓たちの告訴・告発がなければ「法度」は効力を発しないのである。とりわけ庄屋・肝煎の「万事吟味」や「きっと披露」に大きな期待がかけられている。依存は百姓から公儀領主に対してだけではなく、公儀領主から百姓に対しても存在した。

公儀の側は、百姓の力に依拠しながら、厳しい刑罰体系をもって領域の統治に臨んでいた。百姓たちは自らの判断で自力の処理か公儀への依存かを選択していた。近世の公儀の法度と村の掟は、相互に依存しあう関係にあったとみるべきだろう。

身分型の自力

では、近世百姓たちのそうした自主的な判断は、どのような社会観、社会認識にもとづいてのものだっただろうか。このことを知るための手掛かりが、河内国石川郡大ケ塚《だいがつか》村(現大阪府)の上層百姓が書き残した言行・教訓録のなかに見出される。

祖父は武士の牢人から転じた酒造業者、父は酒造業者にして地主という家系に育った著者の河内屋可正(壺井五兵衛《つぼいごへえ》。一六三六〜一七一三)は、自らも村役人を勤めながら、地元村で一生を送った。そうした彼の経歴から見て、ここには当時の村運営層の物の見方、考え方が端的に示されているとみてよい。象徴的部分をいくつか抜書きしてみよう。

①元和の始《はじめ》より天下めでたく治まりしゆえ、御政道《ごせいどう》正しくましまし(在)して、諸役難儀なる事なし。

②御公儀様の御恩、あめ(天)とも山ともたとえがたし。その故は、僻事《ひがごと》をたくむ者ども国々に多し。もし上《かみ》より、理非《りひ》明らかに御成敗ましまさずば、世の中はいかならん。

③士農工商、医師、法師等に至るまで、その家々の業《わざ》あり。その業に怠る事を嘆くべし。その業に怠る者、後には必定大きなる嘆き来《きた》るべし。その家々の法に随い、その道々の業に精を出さば、必ず家斉《ととの》い身治まるべし。

④農業は五穀《ごこく》を作りて人を養うことを常の楽しみとせり。されば天道《てんどう》に叶う謂《い》いあるにや。

⑤士農工商の四民は国の宝にして、天下になくて叶わぬ物なり。しかれども諸職人と諸商人の多きは、国の宝に似て宝に非ず。その故は、人の侈《おご》りに随う物なれば、遊民に近し。百姓のみ無上のたから也。

⑥進退《しんだい》をかせぐにも、その業々に精を出して、心には工夫すべし。聖賢の教えに随う事、尤《もっと》もよろし。その上にまた工夫すべし。その所に相応・不相応あり。時代〳〵に叶うと、

かなわぬとあり。とにかく工夫にしくはなし。

村の運営層・指導層だった彼の社会評が、きわめて肯定的であることに注目したい。①②においては、公儀の力による平和や治安維持機能を高く評価する。③④⑤では、家業に専念することが成功への道だとしたうえで、自らの百姓身分に対して高いプライドを示す。ただし、⑤からは、このプライドが他の職種(身分)に対する蔑視と裏腹の関係にあることもうかがえる。⑥で強調される「工夫」は、可正の社会評・人生訓のなかでも、とりわけ注目されるキーワードである。働くに当っては先人の教えにしたがいながらも、場所や時を考え工夫を重ねることが大事だと強調する。こうした可正の社会観を要約すれば、社会の平和秩序の維持については公儀の力に依存し、自分たちの力は生業に注ぐべし、とまとめられる。ここには、《公儀の担保する平和を享受→各自の身分・家業の生業に専念→工夫による社会発展》という回路が示されているといってよいだろう。

従来、私たちは戦国期の自力救済型の自助・自力に対して高い評価を与え、他方、近世身分社会に対しては、民主主義的な物差しを当てて、これを差別的・抑圧的と決めつけることが多かった。しかし、自力で村を守る戦国社会は、日々権益確保のために緊張が強いられる過酷な社会だった。藤木久志氏によれば、戦国期、安治村では隣の須原《すはら》村との葦《よし》の取り合いのために、厳冬の季節でさえ夜明け前にも葦刈り場を監視し、大挙して緊急出動もできる臨戦態勢を常時取らねばならなかったという。これに対して、可正の生きた新しい社会においては、そうしたエネルギーは生業へと向けられ、知恵や工夫を凝らして家業を発展させる方向へと変換されたのである。

こうした近世百姓の「自力」のあり方を、中世の「自助型自力」と区別して「身分型自力」と定義付けてみたい。村掟に即していえば、

①天下の「政道」や「成敗」については公儀権力の力を支持し、これに依存する(村掟の他力依存部分)

②生産や生活秩序については自分たちでルールを決める(掟の自力解決部分)

③そして、①によって生じた余力を生業《なりわい》に投入する

ということになる。近世百姓の活動は、中世や戦国期の自力による自助、すなわち「自助型自力」ではなく、「身分型自力」の指標を当てることで、その容量を正しく測ることができる。

近世の村掟に投影された百姓の自律的・能動的なあり方を身分型自力と呼ぶとすれば、じつは、この概念は公儀領主にもまた適用できるだろう。なぜならば、生産活動や犯罪の摘発など

においては百姓の自力に依存する一方で、集中した武力を背景に、領内全域を対象とした法の整備や広域紛争の処理、暴力の管理に乗り出す公儀領主のあり方もまた、身分型自力の概念に合致するからである。近世とは、百姓も領主もおしなべて、それぞれが身分型自力を体現し、その力を発揮させる社会だった。

3　相給村から

村を分有

第一章では、近世領主の領地所有(学術的には「領主的土地所有」)が、田畑や屋敷地を米の量に変換した数字として把握されていたことに注目した。しかし、その一方で、それぞれの領地が、酒人村、北内貴村などの固有名詞を持ち、異なる姿かたちをした生身《なまみ》の村であることを重視すれば、あながち公儀領主の所有を評して計量化された数値を通じての所有とのみ割り切ることもできない。公儀領主による領地と領民把握の実態はどのようなものだったろうか。

特殊な事例のなかに本質がよりはっきり表れる、ということがある。ここでは、薩摩藩や長州藩などよく知られている大名領ではなく、一村を複数領主が分有する相給村を題材に実態を観察してみたい。

酒人村や安治村もその仲間だった相給村は、旗本領の多い関東農村や、禁裏《きんり》御料《ごりょう》(天皇領)・公家寺社領などが集中する畿内《きない》近国農村に多く見られ、また、家臣団に実際の田畑を配分した大名領にも散見される形態である。ここでは先に取り上げた安治村を対象にしてみよう。同村は、近世前期には幕府と淀藩の二給、後期には淀藩、三上藩、旗本根来氏、同板倉氏の四給の村だった。

同村の区有文書の一点として面白い絵図が保存されている。一五〇×一七〇センチメートルほどの大型図面に村域全体の田畑屋敷を描いたものである。凡例には次のようにある。

畝高《うねだか》入り黄土色　御殿様御田地《おとのさまおでんち》、　黄土色　この色御他領御田地《ごたりょう》、
黒色　この色　道、　水色　この色　用水川堀、　こげ茶色　この色　畑・屋敷、
高百二十八石五斗三升三勺
近江国野洲郡安治村絵図面　庄屋源四郎、年寄権四郎、組頭喜平

すなわち、この絵図は「御殿様御田地」と「御他領御田地」を区別して示すために作成され

たものである。「御殿様」とは誰か。この村で「高百二十八石五斗三升三勺」を分有する領主は旗本の根来氏であり、この絵図は根来氏領安治村絵図と認定される。

旗本根来氏について少しだけ触れておくと、先祖は和泉国熊取谷《くまとりだに》(現大阪府)の土豪、中《なか》氏の一族である。始祖の中盛重《もりしげ》は紀伊国根来寺《ねごろでら》(現和歌山県)の僧兵となり、秀吉による根来寺破却の後、家康の旗下に入ってやがて幕府の旗本となった。他方、盛重の二人の兄(盛吉《もりよし》・盛豊《もりとよ》)は地元に残り、それぞれ中左近《さこん》家、中左太夫《さだゆう》家を継いだ。ここでは兄たちが土着して百姓になり、弟が公儀領主になったわけである。旗本根来氏は三四五〇石の知行地を与えられ、近世後期には大和国宇智《うち》郡(現奈良県)内の九カ村と近江国蒲生・愛知《えち》・野洲郡内の八カ村を領地とした。安治村はそのなかの一村である(熊取町史　本文編)。

絵図に戻る。本図が根来氏領の村絵図であることを確認したうえで、改めて眺めると、興味深い事実がいろいろ見えてくる。まず黄土色に着色された田地、およびこげ茶色の畑・屋敷についてみると、図3－1のように、それらの一部分のみが枠取られ、そこにだけに上田《じょうでん》・上畑《じょうはた》といった位付けや面積・石高が書き込まれている。たとえば図の右下区画には、「上田七畝拾弐歩　壱石六斗壱升」などとみえる。この部分が根来氏領ということになる。書き込み以外の空白部分は他領主の田畑である。なお、書き込み入り田畑は村域のあちこちに散在している。

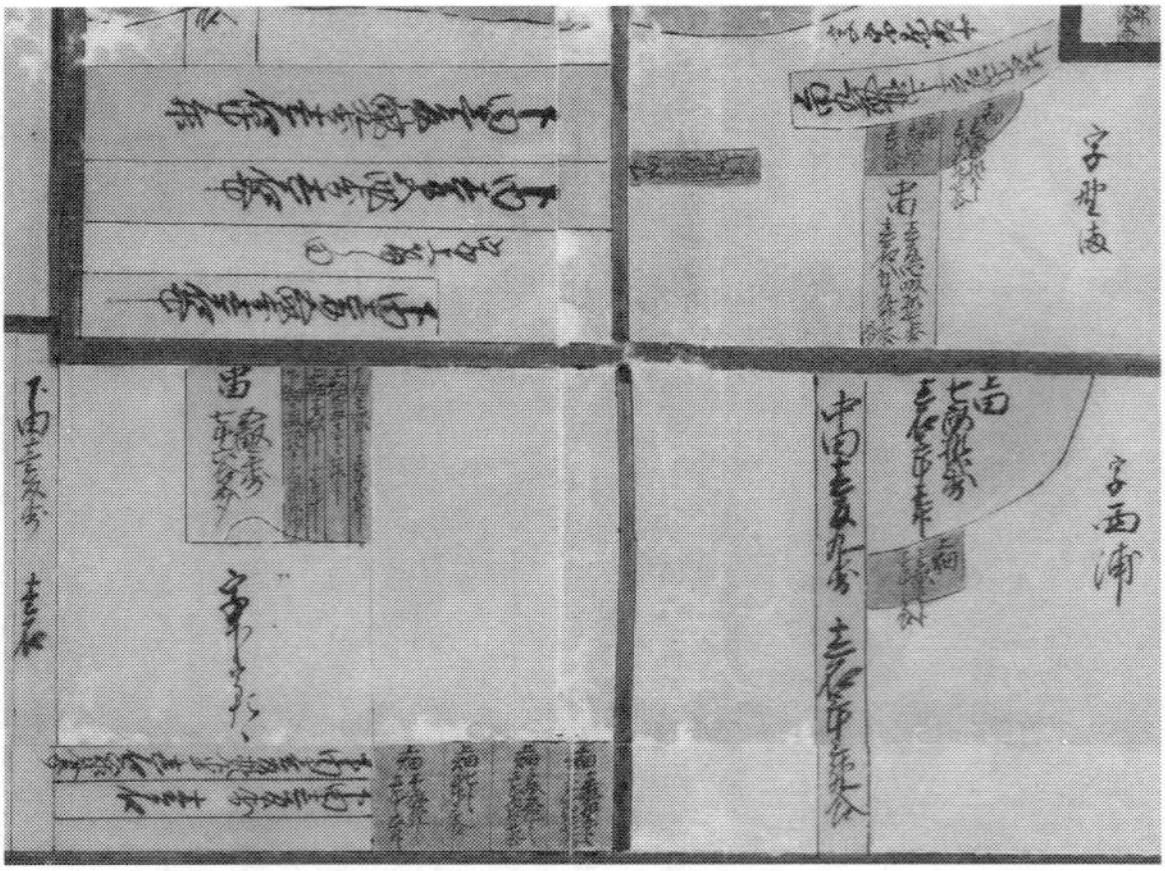

図3-1　安治村相給村絵図1(安治区有文書)

次に集落部分に目を移すと、寺社を除いて百姓家はすべて図3-2のように図案化されており、全部で六一軒を数える。面白いのは、このうちの一二軒にのみ平助、作治郎、平蔵、作左衛門、次郎兵衛などと百姓名が書き込まれていることである。田畑の記載方式に鑑みれば、この一二軒が根来氏領所属の百姓で、無記名の家々は他領の百姓と推定される。数えてみると、たしかに全家数と名前付き家数の比率は、村高に対する根来氏分の領地高に相応する。そして、この場合も、名前付きの百姓家は集落内に散在している。

このような観察を踏まえ、相給村絵図に表現された領主の田畑と百姓把握の特色を整理すると、二点にまとめられる。

①田畑・屋敷は一枚一枚に至るまで、また百姓

家は一軒ごとに各領主に分有されており、各領主所属の領地領民ははっきり確定されている。②相給領主の領地は村域のあちらこちらに散在し、また各領主の百姓家も集落内に入り交じっていて、まとまった村域を形成してはいない。

図 3-2　安治村相給村絵図 2(安治区有文書)

つまり、第一に近世領主の領地領民把握は、単なる数量化された石高所有に留まらず、個々の田畑・百姓にまで及んでいた。伝来する村政文書が少ないため、安治村ではわかりにくいが、相給村は全国どこでも領主の数に応じて村役人組織が作られ、年貢の徴収も、宗門改や五人組編成も各領主ごとに行われていた。自他の領地と領民ははっきりと区別されているのである。その点から見れば、相給領主もまた、支配の中核に自領と自領民所有を据える「領主」の普遍的概念に十分適合している。

しかし、第二に、所属の田畑や百姓家の分散形態に注目するならば、相給領主の村は、じつは実態のともなわないフィクションだったということもできる。分散した領主ごとの田畑だけで生産活動が成り立たないことは明らかであり、同一領主の百姓だけで日常生活を営むことも不可能だからである。「根来氏領安治村」という単位は、実際の農業経営や百姓生活とは結び付かない帳簿上の村だったということになる。原理の貫徹と実態を伴わない虚構性。こうした二面性こそが相給領主の領地領民把握の特色だった。

と、このように見てくると、じつはこうした領主支配の特色は相給村に限られないのではないかという考えに至る。というのも、安治村の相給領主だった淀藩、三上藩、旗本根来・板倉氏のいずれにあっても、一村まるごとが自領だった彼らの領地村々と相給村との間に、土地把握にしても百姓把握の方法にしても、その支配方式においてなんら変わるところはなかったからである。特殊事例のなかに本質が露呈している。領主制の原理の貫徹と生産生活実態からの遊離、という支配の特色は、けっして相給村の特例ではなく、逆に大大名も含む、公儀領主全般に当てはまるものだったとみてよいだろう。

田畑と百姓を分割

ところで、安治村絵図に示されたような村の分割は、どのような方法でなされたのだろうか。幸い、単一領主だった村が相給村になった時の史料を残す村がある。山城国相楽《そうらく》郡の鹿背山《かせやま》村(現京都府)である。第一章で散居村として紹介した山田村より少し東部、木津川中流域に位置する同村は、もともとは一村全体が公家の一条家領だったが、享保二年(一七一七)に分割されて同家領と御蔵入《おくらいり》(幕府直轄領)の相給村になった。区有文書のなかに分割の操作を記した帳簿「一条様・御蔵入高分帳《たかわけ》」が保存されていた。表3-3はその一部を表示したものである。

表3-3　鹿背山村の相給分割
(鹿背山区有文書より作成)

百姓名	百姓区分	一条家(a)(石)	蔵入(b)(石)	$\frac{a}{a+b}$
茂兵衛	一条	3.843	2.862	0.57
半四郎	蔵入		0.760	0
治兵衛	蔵入	3.665	2.767	0.57
彦兵衛	一条	3.040	2.362	0.56
権三郎	一条	3.011	2.282	0.57
喜兵衛	蔵入	2.144	1.634	0.57
長右衛門	一条	5.947	4.072	0.59
(中略)				
合計	一条 68 蔵入 39	173.247	131.644	0.57

冒頭の茂兵衛《もへえ》の場合がわかりやすい。彼は持ち高六石七斗余りの百姓だったが、それが三石八斗余と二石八斗余に二分され、前者が一条家領、後者が幕府領となった。そして、彼と彼の家族は一条家方の百姓とされたのである。次の半四郎は、持ち高がわずかのためだろう、例外的に所持地はすべて幕府領となり、彼の家自身も幕府領の百姓とされた。しかし、ほとんどの百姓の持ち高(田畑)は、茂兵衛家と同様に、双方領主の配分割合(一条家領五七パーセン

ト、幕府領四三パーセント)に対応する形で分割されている。

百姓家数の方は、この帳面では一条家方六八軒、幕府方三九軒とアンバランスだったが、享保五年(一七二〇)の村明細帳時点では修正されて、こちらも一条家百姓五七軒、幕府方百姓四四軒と領地石高に照応した割合になる。

相給化に際してのこうした田畑や百姓家の分割の仕方は、当該村の意向に沿う形で実施されていた。たとえば、宝暦六年(一七五六)に上皇領《じょうこう》、桃園女御御料《ももぞのにょうご》、女院《にょういん》御料の三村に分割された山城国久世《くぜ》郡寺田《てらだ》村では、分割作業を管轄した幕府代官から「村方にて得《とく》と吟味つかまつり、分け地帳面・百姓分けまで書き上げ候ように」との指示があった。つまり、村で方法をよく考えて分割せよというのである。この時の寺田村の分割方法を調べてみると、鹿背山方式ではなく、上田は上田、中田は中田と、村内の同位の田畑をグループ分けしたうえで、三領主の比率に合わせてクジ引きで所属を決めた様子がわかる。ちなみに、同村に残る相給村絵図も、安治村とまったく同様に各領主の田畑が村域全体に散らばる形となっている。

相給村の運営

相給村における日々の生産活動や生活は、百姓たちの作る本来の村のまとまりのなかで行われていた。その一端を村分割間もない享保五年の鹿背山村明細帳から拾ってみよう(『木津町史　史料編2』)。

一、鹿兎、田畑立毛《たちげ》(農作物)を荒らし申すに付き、村中より給米遣わし、猪鹿追いの者を付け置き申し候。
一、溜池《ためいけ》　七カ所　鹿背山村両御下《りょうおんか》立ち会い用水。右はいずれも小さき池にて、谷々田地の用水にござ候。干ばつの時分は井を掘り立て、立毛をやしない申し候。
一、九カ所　溜池の樋《ひ》にて、鹿背山村御料《ごりょう》私領立ち会い。
四カ所　悪水《あくすい》抜きの樋、鹿背山村御料私領立ち会い。
一、社　一カ所　鹿背山村両御下立ち会い。
一、寺　二カ所　鹿背山村両御下立ち会い。
浄土宗西念寺《さいねんじ》　右は鹿背山村御料私領百姓宗旨寺《しゅうしでら》にてござ候。
真言宗浄勝寺《じょうしょうじ》　右は鹿背山村御料私領百姓会所《かいしょ》にてござ候。

鹿や兎の獣害から作物を守るため「村中」で猟師を雇っているとあり、また、溜池や樋も「両御下立ち会い」「御料私領立ち会い」、つまり幕府方と一条家方の百姓の共同利用としている。神社や寺院も相給分割にかかわりなく、村の氏神であり、村の宗旨寺であり、村の集会所だった。複数領主への分割にもかかわらず村民生活は一体である。

領主別の鹿背山村は、それぞれに村高を持ち、村を構成する田畑と百姓から構成されてはいたが、それらは百姓たちの作る共同体としての鹿背山村なしには成り立たない性質のものだった。

水利土木行政

このように指摘すると、領主による領地領民把握のフィクショナルな側面ばかりが強調されるが、しかし、公儀領主の権力が強力に発揮され、村の生産活動に強い影響力を及ぼす部門があった。それは、百姓たちの村単位の生産活動や生活を越えた広域的な水利土木事業の分野である。

第三者として村同士の紛争処理に当り、法度や刑罰をもって領民に君臨する公儀領主のありかたについてはすでに観察したが、それらに加えて、この権力を特色づける分野が水利土木行政だった。

同じ鹿背山村の明細帳から、関係記事を抜書きしてみよう。

①木津川堤防は幕府の京都代官玉虫左兵衛《たまむしさへえ》様の支配するところである。常時点検している。修復工事は「国役普請《くにやくふしん》」(山城国内の村々から徴収した工事費で賄う)の形態で仰せ付けられ、

人足一人に五合ずつの手当てが支給される。また洪水で堤防が破損した場合も、杭竹《くいたけ》などの資材代金は御公儀様から支給される。

②木津川の水流改めとして一年に四回、幕府の出先役所である伏見《ふしみ》奉行所の役人が巡回する。水の流れを妨げる川淵・川岸の芝・葦《よし》・ススキ・茨《いばら》などの刈り払い状態を点検する。

③村内に用水樋が一四カ所ある。このうち一カ所は木津川に設置された石樋《いしひ》である。これは上津《こうづ》・枝《えだ》・千童子《せんどうじ》・大路《おおじ》・小寺《こでら》・鹿背山六カ村の共同管理だが、この樋が破損した時は幕府代官玉虫左兵衛様が吟味して、御公儀様の費用で伏せ替え工事が行われる。残りのうち九カ所は鹿背山一村の溜池の樋である。この樋は一条家領の時代に工事費が支給されて伏せ替えを行った。残り四カ所は鹿背山村一村の悪水抜きの樋である。これも一条家時代に伏せ替えが行われた。

④山川が四カ所ある。このうち釜ケ谷《かまがたに》川は鹿背山村など近隣六カ村で修理する。残り三カ所は鹿背山村の御料私領だけで修理する。一条家時代は修理普請に際して扶持米が人別に支給され、今も続く。

⑤山内の土砂《どしゃ》留め工事は、相楽郡については伊勢国藤堂和泉守《とうどういずみのかみ》様(津藩)の管轄となっている。毎年藤堂様の役人が点検のために巡回する。

⑥石橋が九カ所ある。これは一条家領時代に御入用(領主負担)で掛けられた。破損修理は百姓が自普請で行う。

木津川堤防の管理やこの川に関わる用水樋の管理は幕府代官の玉虫氏が行う。木津川の水流に関しては伏見奉行、山間部の土砂留め工事は津藩が担当している、という。領主の一条家も山川管理や溜池の樋普請、村内石橋の架橋などに際しては扶持米を支給する。

このうち、「土砂留め」とは山間部からの土砂流出を防ぐための砂防工事である。木津川を含む淀川水系の土砂留め制度については第五章で触れるが、鹿背山村のある相楽郡は自領他領にかかわらず津藩の担当とされ、同藩の奉行が年に複数回巡回して土砂留め場所の点検・整備に当っていた。

堤防工事などの費用負担には、幕府や自領領主が人夫の飯米や工事材料を支給する「御普請」と、村が自力で行う「自普請」とがあった。御普請としては木津川堤の修復のように山城一国(後には五畿内=山城・大和・摂津・河内・和泉)から徴収した国役金が充てられる大工事から、領主の一条家が村内の土木工事に対して工事費を支給するものまでさまざまだったが、おおむね一村限りのものは自普請とされ、複数村にまたがる広域事業が御普請に指定された。

このように、村明細帳に記された記事を列挙してみると、実態から遊離した個々の領地領民把握とは対照的に、この分野で公儀領主は強い指導力を発揮して地域社会に君臨した様子が浮かびあがるのである。

なお、右に見たように鹿背山村地域の水利土木行政では、京都代官を始め多種類の領主組織が重層的に関与しているが、これは中小領主の領地が錯綜した畿内近国や江戸周辺などの地域に特有の管理形態であり、領域的なまとまりを持つ大名領の場合であれば、これらの職務は藩の農政担当奉行や代官所が一括して担っていた。しかし、土木行政の推進により領域の編成・統合をすすめるという点では、全国どの領主も一致していた。公儀領主が権力を握るこの国家に対して「土木行政国家」という評価を与えても、あながち言い過ぎではないだろう。

4　触書と願書

留帳の作成

領内統治の法度を定め、裁判や広域土木事業などを進める公儀領主の民政は、文書行政を基本とした。領主の政策は触書《ふれがき》をもって村々に通達されたし、村の明細や土地調査も人別把握も帳面にしたためられて管理された。百姓の訴願も文書にして代官所・

奉行所に提出された。村にあってそうした文書行政を担ったのが庄屋を頭とする村役人たちであり、その文書群が庄屋文書とか区有文書と呼ばれる古文書である。第一章でみた村絵図の多くも、また村明細帳も納税通知書(年貢免定《めんじょう》)も、第二章の紛争史料も、そして本章の村掟類も、みなこれらの文書群に含まれるものである。本節ではこのなかから、通達された触書や提出した願書を書き留めた留帳《とめちょう》を題材にして、民政の現場を垣間見ることにする。

本章1節の庄屋選挙のところで少し触れた、近江国蒲生郡鎌掛《かいがけ》村の区有文書を紐解いてみる。近世中後期、この村の庄屋たちは触書や願書をきちんと帳面に書き留めていた。宝暦八年(一七五八)に入札で庄屋に選出された平蔵は、幕府代官所に提出した願書類を「書上《かきあげ》の覚《おぼえ》」帳に記録している(瀬川欣一氏収集文書)。また、安永年間(一七七二〜八一)には庄屋与右衛門《よえもん》が、享和《きょうわ》二年(一八〇二)以降も歴代の庄屋が、その時期の領主だった陸奥《むつ》国棚倉《たなぐら》藩小笠原氏から通達された触書や村からの願書を書き留めている(鎌掛文書)。

触書の廻達

まず、触書から見ていこう。一例として安永二年(一七七三)の「御触書並びに願書控」を開くと、この年、領主の棚倉藩役所から全部で三七通の触書が廻達されている。

陸奥国棚倉(現福島県)に本拠のあった大名小笠原氏は、宝暦一三年(一七六三)、鎌掛村を始め近江国内三一カ村・二万石を飛び地領として与えられた。藩では琵琶湖南端の大津に陣屋《じんや》(出張所)を置き、郡代《ぐんだい》・代官・勘定役などを派遣して領地村の管理に当らせた。棚倉藩から発せられた触書や大津陣屋発信の触書は、すべて大津陣屋から領地の村々へ順番に継ぎ送りされたものである。

三七通の触書を大別すると、①年貢などの納税関係、②代官など出張所役人の巡回、③役人人事の案内や人別関係、④幕府法令、に分類できる。

このうち一番多いのは、過半の一四通を占める納税に関する触書である。内容は年貢納入期限の通達から、御用金の上納命令、藩が村々から借り入れた借用金の返済延期通知に及ぶ。それまでの幕府領時代、鎌掛村の年貢は米納だったが、棚倉藩になってからは銀に換算して納める代銀納になった。この年は一〇月二日を第一回目の納入期日として、以後四回にわたって納入が命じられている。三月には前年の年貢完納の証明書である年貢皆済目録が送付されてきた。このほか、村年貢を担保に藩が商人から借金する先納銀《せんのうぎん》に関する触れや、「恵民講《けいみんこう》」の名で徴収する御用金の通達を読むと、この時期、領主経済がかなり悪化していた様子もうかがえる。

陣屋役人の廻村は、定例が夏五月と秋七月、冬一一月の年三回あり、ほかに三月には、水利土木行政の一環として溜池普請場所の現地見分があった。廻村には、前もって提供人馬数や、休泊に関する先触れが廻される。

藩からの触書のなかには、幕府から藩領内への通達を指示されたものも含まれる。二月の一〇代将軍家治《いえはる》の次女万寿姫《まんじゅひめ》死去の通知、六月の二朱判《にしゅばん》(前年に鋳造の小額銀貨)の流通促進、一一月の相撲興行に関する触れなどである。これらの触書は、近世の公儀領主による統治が、幕府(大公儀＝中央政府)と大名(小公儀＝地方政府)という二重の構造を以て行われていたことを投影している。個々の領地支配については大名や旗本が担当する一方、外交や度量衡や街道管理、流通統制、広域犯罪捜査など、国家的規模での課題については幕府が権限を持ち、全国触れを発信していた。

願書のいろいろ

宝暦八年から庄屋を勤めた平蔵が作成した「書上の覚」を開いてみよう。ここには、同年から宝暦一二年にかけて領主の幕府代官(大津代官、後に信楽代官)宛に提出した願書や届書が合わせて三五通、書き留められている。内容で分類すると、おおむね①村役人関係、②検見《けみ》、③年貢・諸負担、④諸調査への回答、⑤その他、に分けられる。これについては、①の村役人関係は、庄屋・年寄・百姓代の交替に関する願書・届書である。すでに本章1節の村役人の選出の項で紹介した。

領主への願書や届書のなかでもっとも多いのは、やはり、ここでも納税に関する②③の項目である。平蔵の庄屋時代は、年貢徴収方法は毎年の作柄を調査して年貢額を決める検見取《けみど》りだったが、この検見に関して何通かの願書を提出している。列挙してみよう。

- 総反別九〇町五反一畝一二歩の田のうち二町二反が早々田《そうそうでん》「盆わせ」(稲の品種)です。これは飯米用に少々植え付けているものです。この分については御検見以前の刈り取りを仰せ付け下されればありがたく思います。(宝暦八年八月)
- 蒲生郡村々の早稲方《わせかた》の見分をお願いします。今年はことのほか永旱《ながひでり》で、例年より赤らみが早いようです。ことに山方《やまかた》村は猪鹿の制動《せいどう》(制圧)に難儀するので、今月二〇日頃に御出でくださり御見分ください。(宝暦八年八月)
- この度、殿様(幕府代官)が晩稲《おくて》の検見に廻村するとの廻状を受け取りましたが、その後また廻状が来て小検見《こけみ》に手代様も廻村するとのことです。先だって早稲方検見の節、晩手《おくて》(晩稲)も混じっていましたので御覧に入れたところです。早稲は見分が済んですぐに刈り取り、麦地を掘り耕しました。ほどなく麦蒔きの時節になりますので、人足にも差し支えが生じます。何卒小検見は遠見《とおみ》(一部分の作柄調査や、村の行った予備調査で済ませる検見)でお願いしたいと存じます。(宝暦八年九月)

・当村の立毛は早稲が多く晩手は一分通りですが、晩手も熟実が早く中稲《なかて》相当です。それゆえ、検見は早稲一通りの検見で済ませてほしいと存じます。（宝暦一二年七月）

百姓と領主役人との間で、日程や方法をめぐって折衝が続く。どの時点でどのような検見を受けるかは、百姓たちにとって稲刈り、収穫作業に関わる最重要のテーマである。公儀領主にとっても、徴税問題は、統治機構の維持や武士身分の生活、また公共諸機能推進の原資確保のためにも、最大の関心事だった。

年貢の減額訴願

年貢額そのものに関する願書もたびたび提出された。宝暦八年九月には、じつに八〇年も前からの経緯を述べながら、年貢の減額を願い出ている。こんな文面である。

当村は山方で猪鹿が多く制動に難儀しています。また砂土なので土芝《つちしば》なども肥やしにならず、鯡《にしん》・干鰯《ほしか》などの金肥《きんぴ》（購入肥料）がなくては作毛が育ちません。ところが、当村の石盛《こくもり》は近郷の村にないような高い盛でした。そこで新検地の際、御奉行様に願ったところ、竿《さお》先出目《さきでめ》（以前の検地後の開発地）もないことゆえ取箇《とりか》（年貢率）で考慮すると仰せられ、宝永七年（一七一〇）までは二つ五分（村高の二五パーセント）〜二ツ七八分の年貢率に抑えられていました。ところが、正徳元年(一七一一)に私領(掛川藩)になってから段々高免《たかめん》(高税率)になり、百姓は大変難儀なことでした。その後、延享《えんきょう》四年(一七四七)に御料(幕府領)に戻りましたが、さらに高免となり、百姓は困窮に及んでいます。ことに昨年はとりわけ取箇が高いばかりでなく、換金分の差額も多く徴収されたため、田畑を質入れし他借《たしゃく》によって年貢を上納しました。しかし金主への返済滞りなどがあり、今年は上納に困り嘆かわしい次第です。なにとぞ、御慈悲の御配慮をお願いします。

庄屋平蔵たちは古い文書を博捜して、根拠史料を調べあげた。願書にいう「新検地」とは、延宝七年(一六七九)に西国の幕府直轄領を対象に実施された検地のことである。この時、鎌掛村はもっとも生産力の高いグループに格付けされ、上田一反＝一石七斗、中田一反＝一石五斗、下田一反＝一石三斗の斗代が適用されていた。

こうしたデータにもとづいての願い出は一定程度効果を上げたらしい。「書上の覚」後半にメモ書きされた年々の年貢高を見ると、この年の年貢は前年の七四八・〇二石から九石ほど減額された七三八・八七五石とされている。しかし、これも一年限りで再び増徴政策が取られ、九年＝七四七・八三一石、一〇年＝七五〇・五四三石、一一年＝七五〇・七九五石と増え続ける。

たまりかねた村は、宝暦一二年二月、大津代官から信楽代官に管轄替えになったことを好機として、年貢額と徴収方式についての変更案を願い出る。

先に、宝暦二年から一一年までの一〇カ年の年貢高を書き上げ、その平均高(七〇七・四七一七石)に一五石増しの定免《じょうめん》年貢をお願いしたところ、差し戻しになりました。そこで、さらに一〇石を増した額(七三二・四七一七石)を申し出ますので、どうか、この額で仰せ付けて下さい。

差し戻された願書の文面は書き留められていないが、ここでの改めての要望は、過去一〇年間の平均年貢に二五石を上乗せした額を定免方式(定額年貢制)で設定して欲しいというものである。徴税方式や税額に対して村側が強力に訴えている様子がよくわかる。

平蔵たちの古文書調査にならい、鎌掛村の古文書に含まれる同年以降の免定を調べると、その後も依然として検見取り方式が続いており、百姓からの定免提案は取り上げられなかった模様である。しかし、年貢額については、宝暦一二年が七二七・三七石、同一三年が七二八・八二三石とかなり減額されており、村側の要望がある程度受け入れられたことを知ることができる。

徴税を巡るこのような押しあい、せめぎ合いは全国どこの領主と百姓の間でも発生した事象だった。そして、こうした両者の折り合いがつかなくなった時、矛盾は百姓一揆などの形で爆発する。

以上、本章では、近世における公儀領主と百姓の関係を、法度と掟、相給領主の領地領民把握、触書や願書の文面などから探ってみた。

近世村において百姓たちは、村の掟を定め村社会の秩序維持と生産活動に勤《いそ》しんでいた。公儀領主の側は、百姓の力を前提に領域支配を推進した。それはとくに広域的な土木事業や裁判行政など、公共的業務の面において優越的であり、その側面において百姓側もこれに多くを依存していた。武士身分の存続と安定的領地支配とを課題とする公儀領主と、村民生活を第一義とする百姓たちとの関係は、「依存とせめぎ合い」の両側面を持ちながら展開していた。

第四章　暮らしと生業

1　四季の暮らし

近世社会の枠組みのなかで、近世百姓の生活はどのようなものだったか。本章では、ふたたびムラ・ノラ・ヤマの村の世界に立ち戻り、彼らの働く姿や暮らしぶりを眺めることにしたい。

「豊年万作の図」

まず、絵画資料で観察しよう。図4-1に、四季の農作業を描いた錦絵《にしきえ》「豊年万作の図」を掲げた。作者は文政《ぶんせい》から天保の頃(一八一八～四四)に活躍した浮世絵師五風亭《ごふうてい》(歌川《うたがわ》)貞虎《さだとら》である。古代・中世の社会にあって絵画といえば、仏画や宗教画が中心だったが、その流れは安土桃山時代を境に大きく転換し、主流は現世の風物や人間を描く世俗画へと移行した。農村世界もまた描写対象の一つとなり、一双の屏風に農村の四季を描く「耕作図屏風」や、絵巻物形式の「耕作絵巻」が作られるようになった。

「豊年万作の図」もそうした図のなかの一点である。農業を教える教養画とされるこの図は、近世百姓の稲作農業を概観するのに好都合な資料となっている。原図はワイドな三枚続きだが、便宜的に二分して右図から見ていこう。

さて、こちらは主として春から夏の農作業である。スタートは上段右の「もミを日にほす図」で、赤子連れの夫婦が種籾《たねもみ》の俵を開け、筵《むしろ》に広げるところから始まる。水に漬けておいた種籾を日に干して発芽を促すのである。

種籾干しの次は、その下の「たねをまく(種を蒔く)図」、そして左の「苗取の図」へと展開する。いずれも苗代《なわしろ》での作業となる。苗取りの上には、苗を本田《ほんでん》へ運ぶ半裸体の男。一方、手前の本田では馬鍬《まぐわ》による代《しろ》かき作業が進む。子供も重要な働き手である。何歳ぐらいだろうか、一人前に轡《くつわ》をとって馬を誘導している。畔道《あぜみち》には飯椀を頭に乗せた女性が大きく描かれる。

苗代で苗が育ち、本田の代かきが終ると、いよいよ田植え。画面上方に横一列に並んだ早乙《さおと》女《め》たちの田植え姿が遠望される。稲がもっとも水を必要とするのは苗の育つ田植えの時期と穂に実が付く穂孕《ほばら》み期である。田植えはちょうど雨の多い梅雨に合わせて行われる。

田植え後は田の草取りと田水の調節が中心的な作業となる。先ほどの半裸の農夫の向こうで、農婦が腰をまげて草をとっている。除草は、一番草・二番草・三番草と何回もやらなければならない。子犬がおとなしく主人の仕事を見守っている。左図に入り込んで、踏み車による田への水取り作業も描かれている。いずれも暑い夏に向かっての野良仕事である。

年間の農作業

春から夏にかけての農作業を、文献史料で跡付けてみよう。丹後国加佐《かさ》郡西部（現京都府）の由良川《ゆらがわ》流域村々の事例を取り上げる。時期的には「豊年万作の図」の少し前、文化一〇年（一八一三）に田辺《たなべ》藩の農事調査に際して、各村から大庄屋（上野《うえの》家）宛に提出された報告書である。「作方《つくりかた》年中行事帳」「年内行事之次第」などと上書きされた冊子が八カ村分残っており、農作業を中心に年間の暮らし振りを今に伝える。ここでは、記事のもっとも詳しい久田美《くたみ》村の「年中行

図 4-1 「豊年万作の図」

事帳」(「百姓作方年中行事」)を読んでみる。

「年により早い遅いがあるが、まずは平均的なところを記す」と断ったうえで、同帳は日次《ひなみ》形式で農作業や年中行事を書き上げていく。手始めに「豊年万作の図」の第一場面だった種籾関係の記事を探すと、三月二二日に「種それへ(種揃え)、池へ付く(浸く)」とある。種籾の池への浸種は発芽を促すためのもので、田植え予定日(五月の夏至《げし》)から逆算して五三日前までに行うのが決まりだ、としている。三週間ほどの浸種の後、日に干して、苗代への種蒔きとなる。こちらは田植えから三〇日前の四月一三日前後に行う。そして、五月一二日から田植えが始まる。田植え初日のあらましは次のようである。

五月一二日（男は）前日に掻《か》き均《なら》した田を鍬《くわ》で均す。女は植付けをする。早稲《わせ》から植えていく。植えた傍へ柴肥《しばごえ》をどっさり入れる。早稲田ではないが、谷田《たにだ》は早く植える。もっとも谷田は一日あれば済む。植え始めの日を「さひらき（早開き）」といい、苗二把を洗い、神酒《みき》とともに明神《みょうじん》に御供えする。

「豊年万作の図」でもそうだったが、ここでも田植えは女性の役目である。肥料として柴肥（低木の若葉）を大量に投入することにも注目しておきたい。当日の作業終了後、豊作を祈願して苗二把と神酒を氏神社の熊野神社に奉納する。田植えはこの日から一週間、早稲・中稲・晩稲の順に進められる。田植えの終了日は、田の神が昇天する「さのぼり」と呼ばれ、苗三把と神酒を明神に奉納する。田植え後の中心作業の草取りは、六月に始まり七月一三〜一五日の盆の頃まで続く。

ところで「豊年万作の図」は稲作の主要場面を描いたものだが、ほかにもたくさんの農作業があった。「年中行事帳」によれば、稲作関連に限っても、水田作りの田起こしはすでに三月一一日に始まり、三月一杯かけて行われる。苗代作りもこの月の一九日から始まっている。苗代へ種を蒔く五日前には、泥をよく乾かし前夜に水を入れなければならない。田に敷き込む肥《こえ》草《ぐさ》刈りは、山入り解禁日の四月四日から四月下旬にかけて毎日続けられる。

稲作と並行して、他の作物の収穫や植付けにも手を取られる。瓜・キュウリ・カボチャの種は二月の彼岸《ひがん》前に、茄子《なす》・黍《きび》・タバコ・ネギ・刈葱《かりぎ》(ネギの一品種)の種は彼岸前から彼岸中に、また、夏大根や菜・大角豆《ささげ》は彼岸明けに蒔く。三月には麻《あさ》・粟・稗・文豆《ぶんどう》・のうらく小豆《あずき》。綿は四月初め、たばこ苗は四月中旬に植え付ける。ゴマの種子は五月下旬に蒔く、など。

その一方、四月末にはソラマメ・エンドウを刈り取る。菜種もこの頃が刈り時となる。大麦刈りも四月末に始まるが、こちらは刈り取り後、水田への切り替えを急ぐ必要がある。小麦の刈り取りは五月中旬。肥草刈りや畑作物の植付けの重なるこの時期は、「手足を取り違え候ほどさわがしき事なり」という(下野国の名主小貫万右衛門《おぬきまんえもん》の弁)。

これも「豊年万作の図」にはない農作業だが、主に女性の行う「下木刈り《したぎ》」がある。村山に生える柴や草の刈り取りで、七月五日に始まり二〇日間ほど続ける。これらを腐らせて作った堆肥《たいひ》を丹後地方では「上肥《うわごえ》」と呼び、麦作り用の肥料として使う。すでにこの時点から、麦作りの下準備に取りかかっているのである。

さて、「豊年万作の図」に戻って左図に目を向けると、こちらは、稲の実りから収穫の風景となる。秋の農作業に勤しむ人々の姿が近景・遠景で描かれる。画面の上方「稲刈り」の先には富士の雄姿。富士山は五穀豊穣を司る神の象徴として、江戸の浮世絵農耕図には定番である。

秋から冬へ

刈り取られた稲は農家の庭先で脱穀作業に掛けられる。農具の描写が詳細である。「稲をこく図」では千歯扱《せんばこ》き、「もミをうつ図」では唐棹《からさお》、「もミをする図」では石臼。図がかすれて見にくいが、「ミにてふく図」では箕《み》が使われている。籾殻と玄米を選別する「唐箕《とうみ》」が見あたらないのがちょっと残念。俵詰めされた玄米を蔵に納め、春から続いた米作りが完了する。

秋の農作業を久田美村の「年中行事帳」から拾ってみよう。稲刈りは秋の彼岸の五、六日前、八月一〇日頃に始め、早稲田から中稲・晩稲へと実りの順番に一〇月二〇日ころまで続けられる。「御上納米拵《こしら》え」は女性が担当しており、男ないしは男女共同の稲刈りとは対照的である。「豊年万作の図」でも、脱穀作業は明らかに女性がリードしている。西国・東国を問わず、この仕事は女性が上手だったようだ。

「豊年万作の図」は蔵入れの図で終了するが、その後の場面も何枚か描いて欲しかった。一つは年貢の上納風景である。たとえば、久田美村の領主の田辺藩では、夏至から数えて百日目を最初の年貢納入の日と定めていた。「年中行事帳」では八月二四日に初納所《はつなっしょ》と記す。由良川流域の村々の年貢米は、庄屋立合いのもとに河口の由良村の藩の蔵へと運ばれる。この日、村では洗米《せんまい》を氏神に奉納し、その後庄屋の家で御神酒を頂戴する仕来《しきた》りだった。八月二九日が二回目の上納日。以後、一一月中旬まで分納が続く。

標準的な二毛作地帯でいえば、麦作についても稲作と同程度の画面が欲しい。麦の種蒔きは稲刈りが済んだところから始まる。久田美村では、九月一六日が最初の小麦蒔きの日。大麦蒔きは同月一九日にスタートする(〜一〇月三日)。以後、収穫の翌年四月まで、麦作りは中打《なかう》ちと肥《こえ》持ち作業が中心である。菜種は一一月五日に蒔く。ちなみに、中打ちとは土壌の通気性の確保や根の成長促進や雑草の除去などを目的に、畝《うね》と畝の間の土を掘り起こす作業である。麦の中打ちは、一一月に一〇日間ほど行った後、一月に月の半分の一五日、二月には二〇日間をこの作業にあてている。

麦などに対する肥持ち(下肥《しもごえ》掛け＝人糞尿《じんぷんにょう》を掛ける)もこの時期の主要な仕事だった。麦蒔き時に堆肥を投入した後はもっぱら下肥が用いられた。肥持ちの日数は、一一月には七日間、一二月は一〇日、一月は六日、二月は一五日、三月は四日間に及んだ。正月四日の記事に「肥」の得意先廻りに田辺城下町へ出向くとある。町方とは恒常的に下肥を汲み取る間柄にある。
一一月中旬から三月ころまでは、薪取《たきぎ》り、藁仕事、木綿《もめん》布織りの仕事も加わる。薪取りは男女共同で行い、縄や筵・俵・草履などを作る藁仕事は男が、木綿布織りは女が担当した。藁仕事と木綿布織りはもっぱら雨天の日々の仕事だった。そして、また春がやってくる。

行事と休み日

村の生活は、働く日々ばかりではなく、節目々々に「休み日」が配置されていた。近世の休み日に関する古川貞雄氏などの研究によれば、日数は年間二〇日から三〇日の村が多く、また、そのなかには、神仏に対する謝恩の日と労働休暇日の二種類があったとされる。

久田美村でも休み日が設けられていた。これを月別に示したのが表4-1である。半日休みを〇・五日と数えて集計すると、年間で三九日ほどあり、そのうち、行事を書き上げた日が半数強の二四・五日、「休み日」とのみ記す日が一四・五日となっている。

休み日は正月と七月に多い。正月には三箇日のほか、作り初《ぞ》め、仏法初めなど新年の行事が重なり、また月末には、「日待ち講」(日の出を拝む宗教行事)にまつわる休みもあった。七月に休み日が多いのは先祖の霊を迎える盆の月だからである。このほか、三月三日、五月五日、七月七日、九月九日の節句は久田美村でも休み日だった。八月一日は「田の実の節句」といわれる八朔《はっさく》の日である。

五月二〇日の「小休《こやすみ》」と同二四日の「大休《おおやすみ》」は労働休暇日の代表である。大休み日には、滞りなく終った田植えの御祝いとして、小豆・ソラマメ・エンドウ入りの麦飯を炊く習わしだった。小休日は、働き通しだった牛をゆっくりと休ませる。「この日、牛ばかり養生致し候、(人間は)田畑など作方見廻り」と記す。牛の休み日を先に置くところが面白い。「豊年万作の図」では馬が活躍していたが、丹後農村はもっぱら牛だった。

ところで、休み日の日数や該当日は近隣村の間でも違いがあった。久田美村と同じ田辺藩領の桑飼下村《くわがいしも》では、文化九年(一八一二)は年間で二九日と久田美村に比べてかなり少ない。たとえば農繁期の五月でみると、この村の田植え後の休み日は五月二八日の一日だけとなっている。その村その村の習慣で、年間の休み日もいろいろだった。

表4-1　丹後国加佐郡久田美村の休み日(「百姓作方年中行事」より作成)

1月	4.5日+(3日)
2月	2.5日
3月	2.5日
4月	3.5日
5月	5日
6月	2日
7月	3日+(3日)
8月	3.5日
9月	3日
10月	1.5日
11月	2日
12月	なし

(　)内は，休み日の記述はないが確実に休み日と思われる日数．

2　草肥農業

久田美村の「年中行事帳」には柴肥や肥草刈りのことが記されていた。そういえば甲賀郡村々の紛争は草柴の取り合いが主な争点だった。肥料源として重要な草と柴に目を向けてみたい。

草　肥

山野の草や若葉を肥料に用いる農法は弥生時代以来の歴史を持つとされるが、近世農業はそうした草肥《くさごえ》農業の全盛期だった。農業史研究の泰斗古島《ふるしま》敏雄氏が『近世日本農業の構造』のなかで、わかりやすく解説している。

●近世を通じてわが国農業全般の生産の継続を可能ならしめたのは(中略)金肥《きんぴ》ではなかった。「清良記《せいりょうき》」に現れたわが国最古の農学的知識の示すところは、山野の草木葉の利用が中心であり、(中略)草木葉の肥料としての適否の判定法が、肥料論の中心をなしている。

●自給肥料の中心は人糞尿・厩肥・山野の草木たる刈敷《かりしき》である。右のうち人糞尿を除いて、その主たる給源を山野に持っている。厩肥は牛馬の屎尿《しにょう》とともに、飼料の残滓および敷草がその大なる構成分をなし、それらの飼料および敷草はその主要部分を山野よりの刈草に負っているのである。

●刈敷が水田の主要肥料となっている地帯は、徳川時代においてはきわめて広範囲に及んでいる。(中略)東北・関東・東山《とうさん》・九州等には刈敷系統の肥料のきわめて多く利用されたことを知ることができる。(中略)近畿区・東海区は比較的金肥使用の著しい地域とされるのであるが、その地方にあっても刈敷・厩肥の利用は著しいものであり、(中略)丹波(現京都府、兵庫県)のごときは一般的に刈敷・厩肥によることを知りうる。

近世農業における肥料の中心は、山野の草や木葉を田畑に敷き込む刈敷や、牛馬の屎尿とブレンドして腐らせた厩肥だったという。

刈敷の光景　刈敷の農作業を描いた図を掲げてみよう。図4-2は、嘉永二年(一八四九)刊行の「善光寺道名所図会《めいしょずえ》」に描かれた一場面である。前後の記事から推して信濃国安曇《あずみ》郡保高《ほたか》村付近(現長野県)の農村と思われる。旅行者と地元民との長閑《のどか》な交流風景だが、ここでは、人や馬が木の小枝のようなもの(柴)を田に踏み込む農作業に注目したい。この柴は、

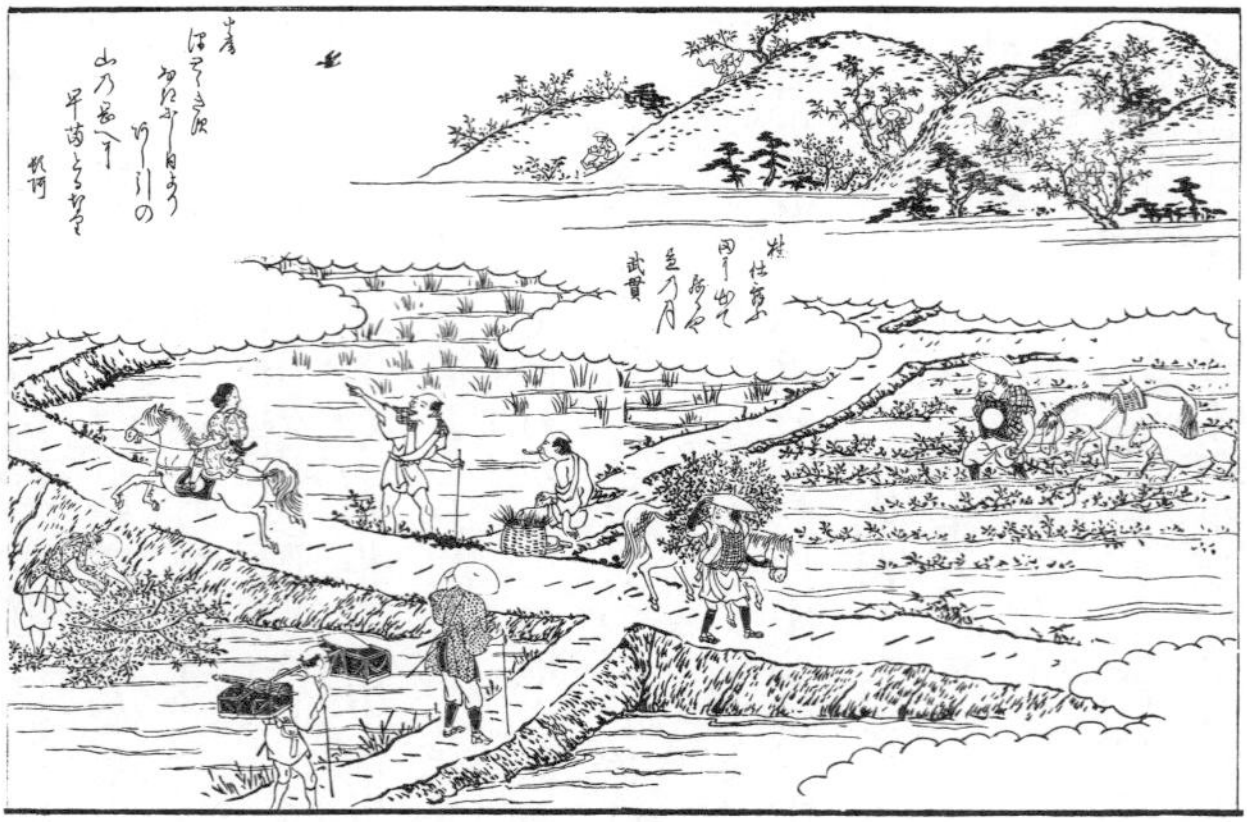

図 4-2　刈敷の光景（『善光寺道名所図会』より）

画面の右上方の山中で生育したものである。刈られた柴が馬背で田に運ばれ踏み込まれている。

『写真でみる日本生活図引』の説明によれば、刈敷には二系統あったという。

> 若葉や草は肥料としてすぐに効目があるわけではないが、毎年入れつづけることで肥料としての効果が表れ、稲を作る地力が保たれた。刈敷にする木の葉や草は地域によってさまざまで、草の刈敷をクサカッチキ、木の葉や新芽の刈敷をキカッチキと呼んで区別するところもある。キカッチキは枝が付いたままのもので、そのまま田に入れた。キカッチキの場合は一、二カ月してから木の枝だけ掘り出した。

この説明に照らせば、図4-2はキカッチキの図ということになる。

草山・柴山

草肥農業の特徴は、草柴確保のために膨大な山野を必要とすることだった。表4-2は各地の村明細帳類に記された刈敷必要量をもとに、耕地に対する採草地・刈敷山の必要面積比を推定したものである。他肥料との併用の有無でばらつきがみられるが、少ない所で田畑面積と同程度、多い所では一〇倍にも上る刈敷取得山野を必要としたことがわかる。

大量の刈敷を取得するためには、山野が草・柴状態でないといけない。酒人村《さこうど》でも村山の奥に隣村と共有の広大な草山があった。近世の山の植生に目を向けると、確かに全国各地で里山の多くは草山、柴山が優占する景観だった。三代将軍家光《いえみつ》の時代に、幕府の命令で国絵図とともに作成された正保《しょうほう》の郷帳は、こうした山野景観を彷彿《ほうふつ》させるよい史料である。正保元年(一六四四)一二月に示された郷帳作成マニュアルに、「村に付き候はへ山(生え山)並びに芝山これあり候所は書き付けの事」とあったことから、各国の郷帳にはごく簡単ながら村ごとに山の様子が書き上げられることになった。

管見の郷帳に記された山々のおもな植生分類を示すと、「草山」「芝山」「柴山」「茅《かや》山」「松山」「小松山」「杉山」「はへ山」「雑木《ぞうき》山」「木山」「竹」などの名称が、単独ないしは組み合わされて記されている。このような分類の仕方から見て、「草」はススキやチガヤ・ササなど、「芝」はシバ、「柴」はハギ・馬酔木《あせび》・山ツツジ・捩木《ねじき》・黒文字《くろもじ》・臭木《くさぎ》などの低木類を指すとみられる。郷帳によっては草関係を芝山表記で統一させるもの、逆に芝山分類を欠くものなど、記述にバラつきがある。また「はへ山」は用語が曖昧だったせいか、木山全般の意味で用いた郷帳、松・杉を別に掲げる郷帳などいろいろだが、しかし、これらは史料の少ない近世前期にあって、全国的な広がりで山の様子を教えてくれる第一級の史料である。

一例として、東北地方の陸奥国棚倉藩・岩城(磐城平《いわきだいら》)藩・中村(相馬《そうま》)藩領域の村々を対象とした郷帳を開いてみよう(表4-3)。二〇一一年三月に原発事故を起こした福島第一原子力発電所のある福島県東部、標葉《しねは》郡を含む地域である。

対象村四五二カ村のうち山持ち村は三七四カ村にのぼるが、表4-3から明らかなように、その七割にあたる二六一カ村の山々は草山・柴山系だった。なお、細かい内訳を紹介すれば、草山村が二一六カ村、芝山村四カ村、柴山村三八カ村、草柴混在三カ

一部改変)

耕地に対する必要山林面積比	
a*2	b*2
1.7〜4.4 倍	2.4〜6.2 倍
3.0〜7.8 倍	4.2〜10.9 倍
2.2〜6.8 倍	3.1〜9.5 倍
1.3〜3.4 倍	1.8〜4.8 倍
0.5〜1.6 倍	0.7〜2.2 倍
0.8〜2.2 倍	1.1〜3.1 倍

と計算. 1駄=30貫, 20

ときの必要面積比.

表4-2　採草地の必要面積比(作成：守山弘,

地　域　名		刈敷施用量		
		反(10a)当り	生重 t/10a*1	備　考
豆州内浦三津村	田	刈敷　20駄	2.2	
甲州巨摩郡塩沢村	田	〃　35駄	3.9	
甲州都留郡上谷村	田畑	柴26～30駄	2.9～3.4	
豊前下毛郡大久保村	田畑	刈敷　15駄	1.7	人糞尿等併用
日向那珂郡江田村	田	〃 6～7駄	0.7～0.8	人糞尿3荷，厩肥4.5駄併用
肥前国大川野村	田	〃　20荷	1.1	

*1　6月10日前後(田植前の刈敷施用時期)の葉量を0.5~1.3生重t/10a
荷=300貫，1貫=3.75 kgとする．
*2　aはその年の草・若葉を100% 採取したとき，bは70% 採取した

村の割合となっており、草山が主流である。一方、二割程度を占めた木山系八四カ村では、雑木山(落葉広葉樹)が中心だった。村数で数えた割合だから実面積比ではないが、それにしても、かなり多くの山々が草山だったことは間違いない。

信濃国南部の飯田《いいだ》藩(脇坂氏、五・五万石)の関係史料のなかに、郷帳・国絵図作成の準備段階で描かれたと推定される「信州伊奈《いな》(那)郡の絵図」が伝えられている(図4-3)。各山に書き込まれた植生の注記が興味深い。飯田藩領以外の山に省略があるが、ここには明確な特徴がみられ、集落近辺の山々は草山・芝山ないしは柴山で、奥山に進むにつれて雑木から檜《ひのき》、椹《さわら》、椴《とど》、栂《つが》などの高木類の山になっていく。

近世中期の山の様子を飛騨国《ひだのくに》(現岐阜県)で見ておこう。享保一二年(一七二七)、飛騨代官長谷川庄五

表4-3　陸奥国棚倉・岩城・中村藩領の山の様子

郡名と村数／植生	菊田	高野	石川	岩ヶ崎	岩城	楢葉	標葉	行方	宇多	計	全村に対する割合	山持ち村内の割合
	62	79	10	86	39	24	45	71	36	452村	100%	100%
草柴系	42	42	6	64	28	6	24	36	13	261	57.7	69.8
草木混在系	2			2	2	13	4	3	3	29	6.4	7.7
木山系	9	25	4	6	5	2	6	20	7	84	18.6	22.5
山なし	9	12		14	4	3	11	12	13	78	17.3	—

郎が実施した飛驒国山林調査の結果を表4－4に示した。合わせて四六二五カ所の山林のうち檜・樅《もみ》・松など高木の生育する「御留山《おとめやま》」が六〇五カ所、「雑木立山《たてやま》」と「小木《こぎ》立山」が一三五〇カ所、「柴草山《しばくさやま》」が二六七〇カ所という分類である。「御留山」とは百姓などの立ち入りが禁止された幕府の山で、「雑木立山」「小木立山」は幕府所有だが庶民に薪・秣《まぐさ》の刈り取りが許可された山、そして「柴草山」は百姓の持ち山である。

この割合も実面積比ではないが、草芝ないしは柴山の箇所数が全山の五七・七パーセントを占めており、古来飛驒匠《ひだのたくみ》で名高いこの国の山々も、近世にはかなりの部分が採草地化していた様子がうかがえる。

遷移を阻止する

各地で見られた草山・柴山状態は、日本列島の気候条件からすると、人間が手を加え、コントロールすることで初めて維持されるものだった。草原に関する生物学者の説明が参考になる（岩城英夫『草原の生態』）。

図 4-3　信濃国伊奈(那)郡の山々

●北は東北地方から南は九州まで、日本各地の山地や山の裾野には、山地草原とか裾野草原とか呼ばれるススキやシバの草原があり、草刈り場や家畜の放牧地として昔から利用されてきた。日本には放牧や草刈りに利用される野草地が、およそ二四〇万ヘクタールある。その大部分は、こういう山地草原、または裾野草原である。

●わが国の山地草原や裾野草原は、もとは森林だった。それが伐採や火入れによって草原に変えら

表 4-4　飛驒国の山林調査(享保 12 年〈1727〉)

	御留山	雑木立山 小木立山	柴草山	計
大野郡	231 カ所	434 カ所	978 カ所	1,643 カ所
吉城郡	164	628	1,070	1,862
益田郡	210	288	622	1,120
計	605	1,350	2,670	4,625
割　合	13.1%	29.2%	57.7%	100.0%

れ、その後、草刈り・火入れ・放牧など、人間の直接、間接の働きによって、草原として維持されてきたものである。その証拠に、ススキ草原で一年または数年おきに行われている草刈りや火入れを、いっさい停止すれば、数年たらずで低木やアカマツなどの陽樹が侵入し、森林への移行がはじまる。

・それができないのは、草刈り・火入れなど、外からの力が絶えず加わって、低木や高木の幼樹の成長が妨げられるからだ。つまり、山地草原は森林への遷移の進行が人為的におさえられ、足踏みをしている状態なのである。その意味で、日本の草原の大部分は半人工的な草原だということができよう。

すなわち、山野が草山・草野状態にあるということは、草地から森林への自然の遷移を人間が押し留め、自然に圧力を掛け続けたことの表れだというのである。

伝統的な草肥農業を継承し発展させた近世農業においては、肥料源として大量の草や柴を必要とした。そのため人々は、山焼きや樹木伐採などを通じて山野に対して草・柴状態を強制していたのである。「自然にやさしい循環型社会」の象徴とも見られる近世の里山は、じつは人間の生業と自然の遷移との厳しいせめぎ合いの場であり、その景観は自然を人間仕様に改造した状態だった。

資源の自給システム

草山景観に象徴される近世農村のあり方は、産業技術史の視点から見ると世界に比類ない資源のクローズド・システムだったと評されている。図4－4を参照しながら、技術史家の内田星美氏の解説を要約して紹介してみよう（「江戸時代の資源自給システム試論」）。

このシステムにおける系外からの資源（エネルギー）は、日光および雨水である。雨水は河川や溜池から用水路を経て水田に供給され、日光のエネルギーによって稲が生育する。収穫された稲は藁、糠《ぬか》、米に分別されるが、すべて資源化された。藁は筵や屋根葺きの資材として、また縄・俵・カマス（筵でつくった袋）などの包装材、あるいは草履や蓑などの服装材として多面的に利用され、糠や豆・雑穀とともに牛馬の飼料ともなった。糠は肥料としても活用され、再び水田に戻る。

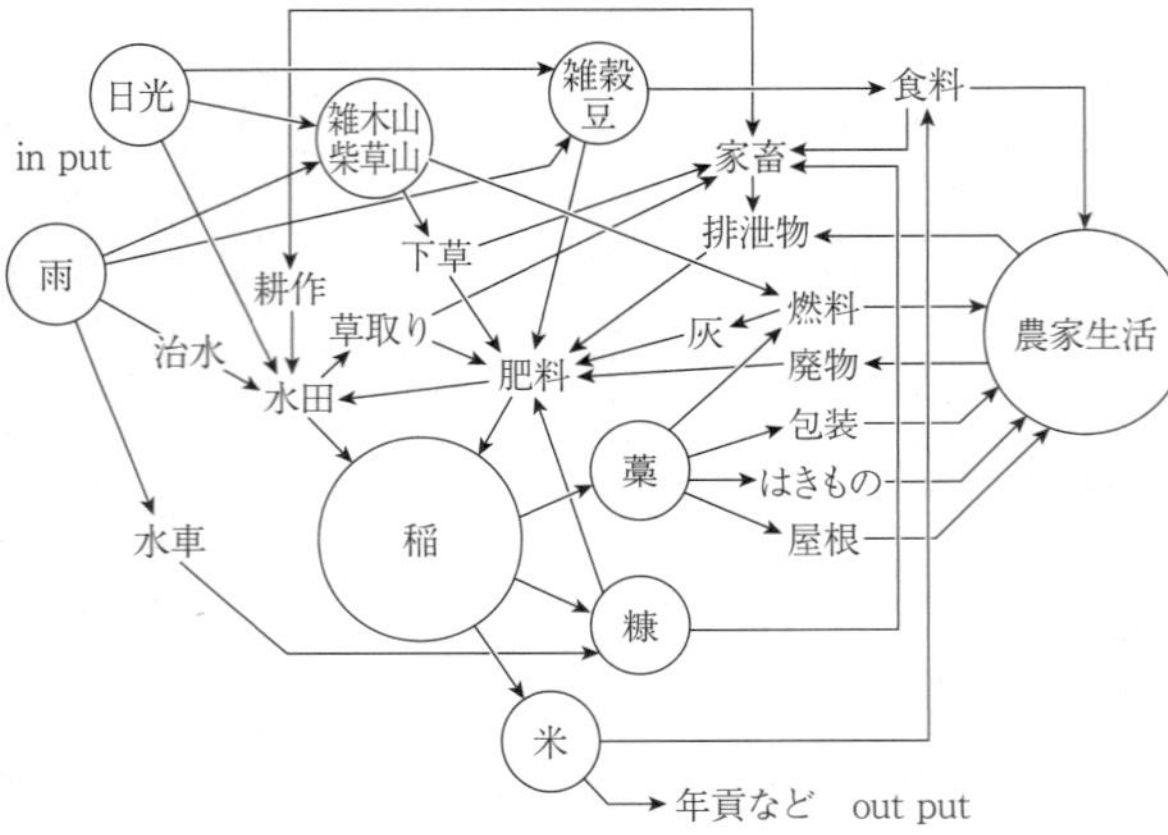

図 4-4　資源循環利用のクローズド・システム（原図：内田星美．原図の雑木林を雑木山・柴草山に修正）

水田の裏作や屋敷まわりの土地は畑作に利用され、同じく日光と水の入力によって麦やその他の雑穀・芋・豆・野菜類が栽培される。

田畑の地力を維持するために肥料が重視された。人間や家畜の排泄物、刈り取った雑草、藁製品の廃物など、すべてが肥料として田畑に投入された。薪や藁を燃料とした後の灰も貴重な肥料だった。また、雑木林や竹藪は、家屋の建築・修築や、生産資材製作の原材料となり、囲炉裏《いろり》・竈《かまど》、風呂焚きの自家燃料源となる。とくに竹は多様な用途が開発され、文化的にも欠かせない資材となった。

このように農業社会として純化した近世農村は、日光と雨水という自然のインプットに依存する資源利用のクローズド・システムだった。

そのうえで、この社会にも、系外との物質収支が存在した。図に「年貢など　out put」とあるように、系外への流出としては、第一に年貢米として上納する米があげられる。都市に集住した武士集団や町人集団の兵糧米や食料米として徴収される米は、系内消費率をかなり上回っていた。この流出の割合が農村システムの維持に大きな影響を及ぼすことになるが、逆に系内消費を上回る系外への移出量の多さは、このシステムが高い効率で機能したことの証拠でもある。系内で自給できず、系外からの移入に依存する資源も各種存在した。農具の中心である鍬《くわ》の刃先や鎌、生活用品として欠かせない鉄釜・鉄瓶《てつびん》などの鉄製品、そして生命の再生産に必要な塩も系外からの供給だった。青苧《あおそ》・繰綿《くりわた》・屑繭《くずまゆ》のような中間原料や古着の形で移入される衣料品もあった。

内田氏は概略右のように説明している。たしかに水稲耕作を主体とした近世農村の資源循環利用のシステムは、この図によってよく理解できる。

一点、付け加えておきたい。それは、このシステムを実際に動かすために必要な人間や家畜のエネルギーについてである。本図は資源という角度からの整理のために、農家生活や家畜も稲や藁と同列に置かれているが、システムの起動・稼働という角度からいえば、すべての矢印に人力と畜力のエネルギーが投入されなければならない。この資源循環型の社会は、人畜エネルギーをもってその出力を上げ、あるいは未開地に同型システムを広げていくという、きわめて動態的な性質のものだった。

3 農家経営

大百姓モデル

個々の百姓農家の経営や家計にまで入り込んで、観察を深めてみよう。ここでは、地方巧者《じかたこうしゃ》と呼ばれる農政家の手引書(地方書《じかたしょ》)に示されたモデル経営を二例取り上げることにする。実際の経営ではないけれども、彼らの理想形として普遍性を持つと考えられるからである。

その一つは紀伊国伊都《いと》郡学文路《かむろ》村(現和歌山県)の大畑才蔵《おおはたさいぞう》が、元禄年間(一六八八〜一七〇四)に示した事例である。異説もあるが、彼の生まれは寛永一九年(一六四二)。庄屋筋の家柄の出身で、成人して和歌山藩の農政役人に抜擢され、長年にわたって活躍した。その過程で著わされたのが、後に近世中期の典型的地方書と評される「地方の聞書《ききがき》」(一名「才蔵記《さいぞうき》」)である。以下、同書に示された農家経営を「才蔵記モデル」と名付けて紹介してみよう。

さて、この家の所持田畑は田が二町、畑が五反の合わせて二町五反と設定されている。石高は明示されていないが、「田の石盛一反につき一石三斗」「畑の石盛一反につき一石」などの注記から逆算すると三一石程度の持ち高となる。この田畑を家族と奉公人で耕作するという設定である。関係記事の概要を表4－5に整理した。

まず、支出欄①の年貢だが、史料では毛付《けつ》け高(作付け高)に対して七つ(七〇パーセント)として、二一・七石(銀に換算すると一〇八五匁)の課税を想定している。これに付加税を加えた二六・〇四石が和歌山藩への上納額となる。年貢率七〇パーセント(付加税を加えると八四パーセント)とは大変な高税率だが、収入欄(表下段)をみると、実際の収穫は米四五石に麦四〇石、蕎麦四石と想定されており、これら総量に対する率としては銀換算で三三・〇パーセント、付加税込みで三九・六パーセント程度(ほぼ四公六民)となる。

家族は夫婦のほかに成人男子が一人(父親か成人した息子か)と、子供二人の計五人。これに奉公人五人(男四、女一)が加わり、構成員は合計一〇人である。

支出欄②は、田畑の作物栽培に掛かる肥やし代や奉公人給銀、および耕作牛関係経費である。奉公人に対しては一人当たり七七匁の給銀が支払われる。この給銀は年俸であることから見て、彼らは日雇いや季節雇いではなく、一年もしくはそれ以上の長年季の奉公人である。なお、

表 4-5　才蔵記モデル

		計(匁)	割合(%)	銭に換算(文)
支出	銀(匁)	3,264.1	100%	217,607
①年貢(21.7 石)	1,085			
付加税(4.34 石)	217			
	小計	1,302	39.9	86,800
②田　肥代	250			
麦　肥代	200			
下人給銀(77 匁×5 人分)	385			
牛関係	50			
	小計	885	27.1	59,000
③年中入用(10 人，355 日)	1,077.1	1,077.1	33.0	71,807
内訳・1 日平均 10 人分	3.034			
黍 1 升 6 合(朝夕雑炊の粉)	0.48			
大麦 5 升(白麦 2.5 升昼食)	1.15			
正月など米食	0.122			
菜代	0.1			
塩・味噌	0.23			
薪代	0.3			
茶代	0.06			
油代	0.15			
衣類関係	0.28			
諸道具損料	0.162			
収入		3,290		219,333
米(45 石)	2,250			
麦(40 石)	920			
蕎麦(4 石)	120			
収入－支出		25.9		1,726

下人給銀・牛関係は③から②に移動した．表 4-6 モデルと比較のため銀 60 匁＝銭 4,000 文で換算した数値を付記した．

「才蔵記」のテキスト本文では、この項目は田・麦肥やし代あわせて四五〇匁のみの計上だが、後掲モデル(表4-6参照)との比較のため、別建ての下人給分(奉公人給銀)および牛関係費項目もここに移動して掲げている。

ところで、このモデルは、③「年中入用」の欄に生活費の細目を記しており、日々の食事の様子も垣間見ることができる。これによれば、普段の朝夕の食事は黍《きび》の雑炊で、二食合わせて一〇人分で一升六合。昼は大麦五升(白麦にして二升五合)が主食である。これに自家産の野菜を副食にする。注釈に、米を食べる日は正月・五節句・盆・神事など年間で二六日とある。「村の休み日」に対応したものだろう。生活費を合わせると年間で銀一〇七七匁一分(銭に換算すると七一貫八〇七文)。全支出のなかでの割合は三三パーセント程度にあたる。

こうした内容からなる「才蔵記」の経営は、差し引き二五匁九分の黒字である。しかし、著者は次のように付け加えることを忘れない。

この見積りは、作柄がよく年貢も安い場合の見積りである。三年に一度は不作もあり、その外不測のこともあるので、稼ぎを第一とし、作毛も多くできるように心がけ、食事なども右の積りより減らす様に始末しなければならない。

奉公人を多数抱えた安定した大経営ではあるが、つねに凶作、飢饉《ききん》を想定して勤労し、節約に心がけなければならないとするのである。

小百姓モデル

農家経営のモデルとしてもう一つ、高崎藩の郡《こおり》奉行大石久敬《おおいしひさたか》の著作「地方凡例録《じかたはんれいろく》」（寛政六年〈一七九四〉）に掲載された五人家族の家計をあげてみたい。こちらは榛名山《はるな》を望む上野国《こうずけのくに》の高崎（現群馬県）近在、時期も「才蔵記」より一〇〇年ほど後と、地域も時代もまた想定の経営規模も異なるが、同じく有能な地方巧者の示す経営モデルという点では共通している。「凡例録モデル」と名付けて、記事内容を表4－6にまとめた。

さて、このモデルも五人家族（成人三人、幼児一人、老人一人）の経営として設定される。後述するように近世の百姓家族の一般的な構成は、夫婦と子供の単婚家族、ないしは親子・孫を加えた直系家族を主流としたから、この場合もまずは標準的な形態といえる。所持する田畑面積は五反五畝で、内訳は中ランクの田が四反、畑が一反五畝としている。五反五畝の石高は記されていないが、かりに中田を一反当たり一石三斗、中畑を八斗とすると、持ち高は六石四斗前後になる。才蔵記モデルに対して五分の一程度の小規模経営という想定である。

支出項目について、まず①の年貢をみると、田に対しては一反当り五斗八升、畑には二斗四

表 4-6　凡例録モデル

	銭(文)	計(文)	割合(%)
支出		97,870	100%
①田年貢(3.5904 石)	23,936.08		
畑年貢(0.5571 石)	3,713.92		
	小計	27,650	28.25
②田仕付け入用	11,164		
雇い人夫(18 人×100 文)	1,800		
雇い馬(4 匹)	1,200		
干鰯・麬代	5,600		
肥大豆	1,400		
水肥	1,164		
田麦仕付け入用	1,400		
雇い人夫(11 人)	1,100		
雇い馬(1 匹)	300		
畑仕付け入用	200		
水肥雑肥	200		
	小計	12,764	13.04
③家族食費　麦	46,256		
調味料, 衣料, 農具修繕, その他	11,200		
	小計	57,456	58.71
収入		89,125.6	
田米(4 反，6.72 石)	44,800		
田麦(4 反，6.4 石)	24,739.12		
畑麦(5 畝，2.4 石)	8,960		
雑事	10,626.48		
大豆(5 畝，5 斗)	2,800		
稗(3 畝，7 斗)	1,306.48		
粟(3 畝，6 斗)	1,680		
小豆(1 畝，1 斗 2 升)	840		
芋(2 畝，3 石 2 斗)	4,000		
菜・大根・茄子・大角豆	—		
収入−支出		−8,744.4	

升が賦課されるとする。これに口米《くちまい》・延米《のべまい》などの付加税がついて、課税額は田が三石五斗九升四勺、畑が五斗五升七合一勺の合わせて四石一斗四升七合五勺。この額は持ち高六石四斗に対して六四・八パーセントの高率だが、表下段収入欄の田畑の米麦総生産高一五石五斗二升を分母に置くと、収入に対する割合は二六・七パーセント程度に下がる。

支出②の田畑の作物栽培関係は、人夫賃、馬賃、肥料代から構成される。労働力については作業別に見積もられており、米作にかかる延べ労働力としては、「苗代の地拵え・畝作り」に一三人、「肥持ち出し」に六人、「肥やし大豆蒔き入れ・田植え地均し・植付け・稲刈り・上米拵え」に六五人、「三度の草取り」二四人の合計一〇八人分が必要とされる。このうち、一八人分が雇い人夫、残り九〇人分が家族労働という配分割合である。このスタイルは麦田作りの場合も同じで、延べ四四人中、一一人分を雇い人夫で賄い、残りは家族三人の労働でやりくりしている。才蔵記モデルが家族と多数の年季奉公人の組み合わせだったのに対して、こちらは家族を中心にしながら必要に応じて日雇い奉公人を雇用する形態である。

このモデルでは、とくに米作肥料代に多額をあてる点も注目される。米作関係諸経費の半分が干鰯と麩《ふすま》(小麦の皮屑《くず》)の代金となっており、ほかに、肥料用大豆や糞尿を水と混ぜ合わせた水肥《みずごえ》も自給では足りずに購入している。購入肥料(金肥)に多くを依存する経営形態である。この特色は才蔵記モデルの肥料代と比較してもよくわかる。「才蔵記」は本文で肥料として野草、灰や下木(柴)をあげていた。換言すれば才蔵記モデルは凡例録モデルと比較して自給肥料への依存度が高い経営だったことになる。

赤字経営

年貢と田畑の仕付け入用に加え、凡例録モデルでも家族の衣食に関わる内容を詳しく示している。地方巧者が百姓生活の細部にまで注意を払っていた証拠である。このモデルでは食事には購入麦を食べることにしている。一人一日七合宛の計算で年間に一二石四斗ほどの麦を購入する。これに調味料の塩や味噌、燃料の薪や農具の修繕料などを加えると、家計関係費は銭に換算して五七貫四五六文(一人当たり一一貫四九一文)、総支出の五八・七パーセントほどに当る。才蔵記モデルの一人当たり年平均支出額(七貫一八〇文余)や全支出に対する割合(三三パーセント)に較べ、かなり過重な数字となっている。

収支全体の見積りが赤字であることも、このモデルの大きな特色である。諸項目をまとめ、同家の年間収支を計算すると、田畑の生産物すべてを銭に換算して八九貫一二五文余。これに対して、支出の合計は九七貫八七〇文となり、差し引きして銭八貫七四四文余の赤字である。赤字経営がモデルとして示されるとは驚きだが、この赤字はどう補塡《ほてん》すればよいのか。著者大石はこんなふうに提言する。

右の作徳勘定《さくとく》では不足が出てしまい、これでは百姓の生活が立ち行かない。しかし、食糧については、麦ばかり食べるわけではなく、粟・稗・菜物・木の葉・草根も加え、あるいは米俵作りに際しての砕《くだ》けやシイナなどの落ちこぼれも取り集めて食べるのだから、右に計上したほどの食糧入用費は掛からないだろう。もっとも五人暮らしの諸雑費として金二両(③の調味料以下の一万一二〇〇文を指す)では不足するが、どの国でも農業の外に少しずつの稼ぎはあるもので、とくに上州(上野国)は蚕飼いがあり煙草《たばこ》作りがある。また、(中略)山方は材木を伐り出し、炭薪《すみたきぎ》を出し、海川付きの村々は漁猟《ぎょりょう》をも致し、都会の近里は菜園をおもに作って売り出すなど、(中略)少々の助成をもって取り続いているものである。

収支の不足分は、食費を節約することや、農間余業に精を出すことで解決せよというのである。とくにこの地域では養蚕業やタバコ栽培による収入増が期待されている。「地方凡例録」の経営モデルは、余業(別産業)の補塡をまって初めて成り立つような農家経営の想定だったわけである。

才蔵記モデルでも凡例録モデルでも五人家族が想定されていた。一方、奉公人は、前者では年季奉公、後者は日雇い奉公だった。一口に近世といっても二百数十年の長きに及ぶ。この間に家族形態にも雇用労働力形態にも大きな変化があった。

家族の動態

甲斐国の村々に残る宗門人別改帳や土地台帳を題材に、家族形態や奉公人の動向、農家経営の変化をたどった溝口常俊氏の研究がある。平野部の水田村から山麓の畑作村まで二〇カ村以上を対象に、また時期的にも一七世紀後半から幕末にまで及ぶところから、動向を巨視的に俯瞰できる絶好の成果となっている。この研究を紹介しながら流れを跡付けてみよう。

表4-7は、データのもっとも多い平地村の宗門人別改帳をもとに作成された時期別の家族形態の一覧表である。あらかじめ二、三説明を加えておくと、「抱屋《かかえや》」は従属度の高い血縁家族、「譜代下人《ふだいげにん》」は主家に付属する無契約の従属民、「門屋《もんや》」は門長屋《もんながや》などに住む従属民であり、「奉公人」は一年期ないしは複数年季の契約奉公人を指している。「直系のみの家族」戸数はこうした従属民や奉公人をいっさい含まない直系家族のみの数値であり、たとえば抱屋と門屋を含む場合は「抱屋を持つ家族」および「門屋を持つ家族」の両欄でカウントされている。この数え方は、当主の兄弟姉妹や当主の親の兄弟姉妹を含む「傍系を持つ家族」の場合も同様である。

表 4-7　甲斐国の時代別家族構成(作成：溝口常俊)

時期	総戸数	直系のみの家族	傍系を持つ家族	抱屋を持つ家族	譜代下人を持つ家族	門屋を持つ家族	奉公人を持つ家族
Ⅰ期	1,070	431 (40.3%)	382 (35.7)	358 (33.5)	203 (19.0)	61 (5.7)	280 (26.2)
Ⅱ期	1,980	1,213 (61.3)	304 (15.4)	109 (5.5)	156 (7.9)	43 (2.2)	482 (24.3)
Ⅲ期	1,036	813 (78.5)	88 (8.5)	0 (0.0)	0 (0.0)	0 (0.0)	144 (13.9)
Ⅳ期	1,534	1,223 (79.7)	213 (13.9)	0 (0.0)	0 (0.0)	0 (0.0)	107 (7.0)

Ⅰ期＝1699 年以前，Ⅱ期＝1700〜1749 年，Ⅲ期＝1750〜1799 年，Ⅳ期＝1800 年以降

さて、表4－7の主役は「直系のみの家族」である。この形態は一七世紀には「傍系を持つ家族」や「抱屋を持つ家族」と相拮抗《きっこう》する割合だったが、一八世紀(表中Ⅱ期以降)には主流となり、一八世紀後期になると村内の八〇パーセント近くがこの形態で占められるに至る。家族史研究の分野では、近世における家族形態の変化を、傍系家族や従属民を含む複合大家族形態から、直系ないしは単婚小家族の集合形態への分化と捉えているが、甲斐国の動向もこの流れに合致している。

直系家族の主流化のなかで急速に減少したのが「傍系を持つ家族」や抱屋・譜代下人・門屋を抱える家族である。とくに抱屋と譜代下人を持つ家族は、一七世紀にはそれぞれ三三・五パーセント、一九パーセントと高い割合だったが、一八世紀にはほとん

ど消滅した。

ちなみに、傍系家族と従属民を抱える複合大家族形態の一例として、隣国信濃国の南佐久郡《みなみさく》臼田《うすだ》村百姓長左衛門《ちょうざえもん》家を紹介すると、同家は承応三年(一六五四)の時点で、長左衛門夫婦と三組の子供家族に加えて、添屋《そえや》(抱屋)家族三組、門屋夫婦一組、下人八人の合わせて四八人が同一屋敷地内に共住していた。敷地内の建物は九棟(雪隠《せっちん》=便所四カ所を含む)、牛も三匹飼育していた(宮川満『太閤検地論 3』)。表4-7でいえば、「傍系を持つ家族」から「門屋を持つ家族」までの四項目すべてに該当するわけだが、このような屋敷地共住の複合家族が分化し、また従属民が独立して、小家族を中心とする形態へ移行していくのである。

奉公人のプロフィール

複合大家族形態の急減のなかで、「直系のみの家族」と並んで顕在化するのが「奉公人を持つ家族」である。先にみたモデル経営でいえば、才蔵記モデルがちょうどこれに当るが、一八世紀前期の甲斐国では、全戸数の二四パーセントがこの形態だった。

溝口氏は奉公人についても詳しい分析を加えている。そこで明らかとなった主な特徴をあげると、

- 奉公先は出奉公・入り奉公とも自村内を中心に、ほとんどが四キロメートル以内の近村に収まる。ただし、男性奉公人の場合は遠距離の都市への奉公もある。
- 性別はおおむね男性奉公人六、女性奉公人四の割合で、相対的に男性が多い。
- 平均年齢は一九歳から二七歳の範囲に収まるが、時代とともに若年化の傾向が強まる。
- 雇用年数は一年から三年が一般的だが、一七世紀に三年奉公が七割だったのに対して、一八世紀後期には一年季が七割前後となり、次第に短期化に向かう。
- 奉公人は村内の中下層百姓から輩出され、身代金《みのしろきん》は年貢未納分にあてられることが多い。奉公中は一カ月に二、三日の休日、年間に衣類二、三枚の支給で給金は年間二分〜一両程度、という労働条件が一般的だった。

これらの特徴を総合すると、奉公人の多くは中下層百姓の家族で、所帯を持つまでの数年の間、自村ないし近隣の上層百姓の労働力として住み込みで雇用された若者たち、と捉えることができる。

遠距離奉公の事例として、江戸への男性奉公人を多数輩出した隣国信濃国高井《たかい》郡矢嶋《やじま》村に関する大口勇次郎氏の研究がある。この村では若年で江戸へ奉公に出かけ、老年になると本人と交替で息子が江戸に出るというパターンがよくみられたという。たとえば、寛政二年(一七九〇)江戸奉公に出た矢嶋村の長蔵《ちょうぞう》は、江戸本白銀《ほんしろがね》町の商家茶屋《ちゃや》四郎次郎《しろじろう》家の奉公人となり、文化五年(一八〇八)時点でも江戸奉公、その後文政一〇年(一八二七)の宗門人別改帳では村に居住と記されている。この間、息子の市太郎が文化二年から江戸奉公を始め、天保七年(一八三六)時点でも石見《いわみ》松平家の武家奉公人として江戸で暮らしていた。

ところで、こうした年季奉公人は、一八世紀後期から一九世紀には大きく減少する。表4-7でもこの時期「奉公人を持つ家族」の減少が顕著だが、これは、奉公の形態が年季奉公から、一年未満の季節奉公や日雇いの形態に変化していったからである。先の経営モデルでいえば、凡例録モデルがその典型になる。そこでは日雇い奉公人の労働が作業ごとにきめ細かく配置されていた。一年未満の奉公人の存在は宗門改帳には反映されないため、表4-7には表れないが、かりに同表の右端にもう一枠「季節奉公人・日雇い奉公人を雇う家族」欄を設けるならば、一八世紀後期以降、「奉公人を持つ家族」の減少とは対照的に、この欄の数値の増加が見られたことだろう。

近世甲斐国の家族形態や従属民・奉公人の研究を踏まえ、さらにこれまでの農業史や家族史研究も参照しつつ、近世の農家経営形態を段階付ければ、次の三段階にまとめられる。

①一七世紀——譜代下人、ないしは譜代下人と年季奉公人を駆使しながら上層百姓が所持地で営む手作《てづく》り経営と、独立した直系家族ないしは独立を目指す従属民家族が所持地や小作地で営む小規模経営の併存。

②一八世紀前期——年季奉公人を雇用する上層百姓の手作り経営と、自作地・小作地で営まれる小家族経営の併存。

③一八世紀後期以降——季節奉公人、日雇い奉公人を雇用する上層百姓経営と、自作地・小作地での小家族経営。ただし、一九世紀に入ると奉公人賃金の高騰などから、上層百姓が手作り経営を止めて所持地を小作に出すケースが急増していく。

本章の冒頭に鑑賞した「豊年万作の図」は文政〜天保年間の農村風景を描写したものだった。とすれば、農家経営モデルでいえば「凡例録モデル」に近く、右の段階区分では③の時期に該当する。どの農夫(農婦)が日雇い奉公人だろうか。馬鍬で耕される田は自作地だろうか、小作地だろうか。肥料には何を使っているのだろうか。

一見、牧歌的にみえる「豊年万作の図」の光景も、じつは変遷する家族形態や動態的な雇用労働力形態のなかのある段階を切り取った描写図だったことになる。

第五章　開発と災害

1　開発の臨界

新田開発

近世は、前近代の歴史のなかでも、人間の自然への働きかけが際立って顕著な時代だった。村や農業活動に即していえば、戦国の騒乱を収束させ新しい社会編成の仕組みを生み出した公儀領主と、生業に専念する百姓たちのエネルギーが、自然改造へと大きく向けられた。働きかけが進むにつれて、新しい課題もつぎつぎに生れた。新田開発と本田維持の相克、山地の草山化がもたらす土砂流出問題、災害復興に関する領主と百姓の対立など。前章までの諸事象も参照しながら、本章では、近世の自然と社会の関係について改めて観察してみたい。

近世社会の自然への働きかけについては、耕地面積や石高の著しい伸びによく現れている。とりわけ、それは一七世紀、家康から綱吉《つなよし》に至る一〇〇年間に顕著だった。鬼頭宏氏の計算によれば一七世紀初頭に二二〇万町歩程度だった耕地面積は、一世紀後の一八世紀初めには二九六万町歩へと急増した。一・三倍増である。対応して石高は一・四倍、人口は一世紀余の間にじつに一二〇〇万人から三一〇〇万人へと二・五倍に増加した。年平均〇・八パーセントの伸び率である。一七世紀の列島社会の発展には目を見張るものがあった。

新田開発の一例として、江戸の西方、武蔵野台地の原野に開発された小川新田《おがわしんでん》(のちの享保期に開発の小川新田と区別するため、以下、小川村と呼ぶ)をあげてみよう。小川村の開発人は、この地域に古くから存在した岸《きし》村の土豪百姓小川九郎兵衛《くろべえ》である。明暦二年(一六五六)、幕府代官から開発許可をえて村造りが始まり、屋敷地と耕地がセットになった短冊状区画の新田景観が生み出されていった。標準的な一短冊区画は間口一〇間幅(約一八・二メートル)で奥行きが二七五間。奥行きのうち手前の二五間が屋敷地部分で、その奥に五〇間の下畑《げばた》、二〇〇間の下々畑《げげばた》と続く。九郎兵衛を名主として、開村時に四七人が入植。翌年の明暦三年に一一人、同四年一〇人、寛文元年(一六六一)四人、同二年一〇人と入村者が相次いだ。入村の時には「公儀法度を順守する、公儀の役や町並(村並)の諸役を務める、キリシタンではない」とする請書《うけしょ》の提出が必要とされた。公儀の法度と村の掟を守ることが村民になるための条件だったわけである。

最初の検地が寛文四年(一六六四)に実施される。屋敷・畑地を合わせて九二町余で村高は二七〇石。これが天和《てんな》三年(一六八三)、元禄二年(一六八九)の新検地では三九四町余、六七〇石余となる。寺社の建設もなされ一村としての形も整っていった。開村時に小川九郎兵衛が自ら開基となり小川寺(臨済宗《りんざい》)を建立した。氏神社神明宮《しんめいぐう》は寛文元年に岸村から分祀《ぶんし》されている。

村民が増え、村が百姓たちの共同組織として確立するにつれて、村運営をめぐる騒動も勃発する。開村六年後の寛文二年(一六六二)には、名主九郎兵衛の私的な人夫動員を拒否する百姓たちの運動が生じ、また、延宝四年(一六七六)には、地代《ちだい》銭の廃止など九カ条の要求を掲げて名主を訴える惣百姓八四名の村方騒動が起きている。入植百姓たちの精力的な働きによって開墾が進み、村運営のスタイルも構成員に見合ったものへと改変されていった。

ところで、地元の土豪百姓主導で始まったこの村の開発は、公儀領主(江戸町奉行ないし道中奉行)管理の上水道整備と連動していた。そもそもこの新田の歴史は、小川九郎兵衛が玉川上水から取水する水門一尺四方の「小川新田分水」の開削許可から始まったのである。

羽村《はむら》(現羽村市)の村域で多摩川から取水し、武蔵野を縦貫して江戸城内や江戸西部の町々に配分される玉川上水は、武蔵野の新田村にも深く関わる水路だった。正徳年間(一七一一～一六)に描かれた「江戸水道配水図」(千川家文書)をみると、玉川上水本流から樹枝状に枝分かれした水路上に、拝島《はいじま》村、砂川《すながわ》村、国分寺《こくぶんじ》村、小金井《こがねい》村、田無《たなし》村、堺《さかい》新田、烏山《からすやま》村、北沢《きたざわ》村などが並んでいる。さらに、その余水がこれらの村々を経て川下の村へと流下していく。

幕府が造成し管理する広域水利ネットワークに編み込まれ、それを生産・生活用水としながら、将軍・大名から町人・百姓に至る暮らしが営まれる。この水道配水図は、自律と依存の併存を特色とする「身分型自力社会」のわかりやすい投影図でもある。

利根川・荒川の改修

武蔵野台地での新田作りが進展した地域の東方では、幕府主導で、より大規模な自然改造の土木事業が進められていた。利根《とね》川《がわ》や荒川《あらかわ》の流路改変事業である。

個々の事業の実施年代や範囲などに諸説あるが、玉城哲、旗手勲、大熊孝氏らの研究や『新編埼玉県史　通史編３』などの叙述をもとに、大まかな流れをまとめてみよう（図５－１）。

利根川関係

①文禄三年（一五九四）、忍《おし》城主松平下野守《まつだいらしもつけのかみ》が利根川の乱流河道の主流である(a)会野《あいの》川《かわ》（＝古利根川）を締め切り、東流させる工事を行った。これにより、利根川の流路は(b)浅間《あさま》川《がわ》を経由して権現堂川《ごんげんどうがわ》（上流は渡良瀬川《わたらせがわ》、下流は庄内川《しょうないがわ》・太日川《ふとひがわ》）が主流になる（新利根川）。

②元和七年（一六二一）、幕府の関東代官伊奈《いな》氏が担当して（以後、同様）、(c)新川通《しんかわどおり》と(d)赤堀川《あかほりがわ》の開削を行い、利根川をさらに東へ向けようとした。並行して浅間川の締切工事も行う。しかし、赤堀川への流路変更は進まず、完成は承応三年（一六五四）になる。

③寛永六年（一六二九）、鬼怒《きぬ》川《がわ》を小《こ》貝川《かいがわ》から切り離し、常陸川《ひたちがわ》に付け替える。翌年、小貝川

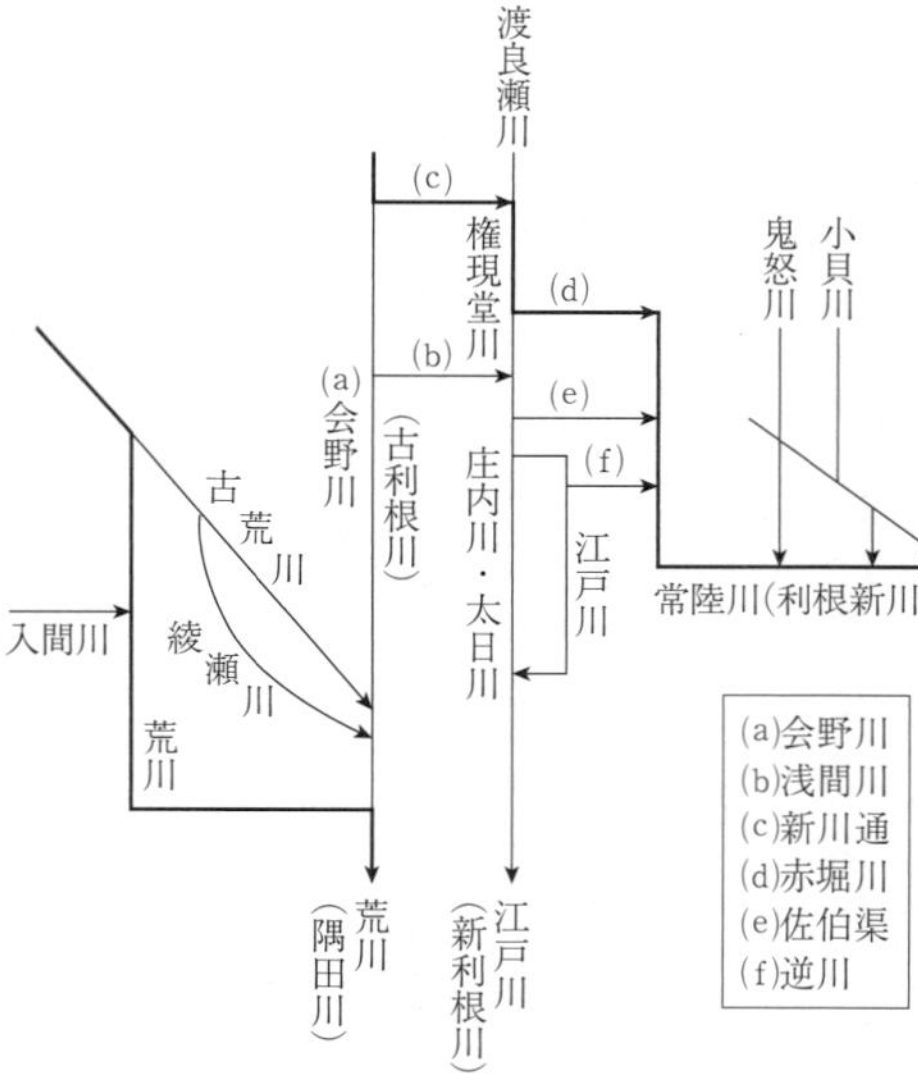

図5-1　利根川・荒川の流路改変

も常陸川に付け替える。

④寛永一二年（一六三五）、(e)佐伯渠《さえききょ》を開削し、水流を権現堂川から常陸川へ向けようとする。また同年から江戸川の開削を始める。

⑤承応三年（一六五四）、(d)赤堀川を切り広げ、また常陸川を改修して銚子《ちょうし》から鹿島灘《かしまなだ》に流下させる（利根新川）。

⑥寛文五年（一六六五）、(d)赤堀川・常陸川と江戸川を結ぶ(f)逆川《さかさがわ》を開削する。

荒川関係

①慶長七年（一六〇二）〜元和元年（一六一五）、伊奈代官（以下、同様）が荒川（古荒川）に六堰を設置し、流域の耕地の安定化と新田開発を促進する。

②慶長期、備前堤《びぜんづつみ》を築き、荒川（古荒川）と綾瀬川《あやせがわ》を切り離し、綾瀬川流域の開発を進める。

③寛永六年、古荒川を締め切り、入間川《いるまがわ》水系へ付け替える(荒川の西遷)。

このように幕府関東代官伊奈氏が主導した長年にわたる大土木事業により、利根川の東遷と荒川の西遷に成功した(図中の太線が最終的な流路)。この結果、江戸に対する洪水の危険性は減少し、利根川と荒川の間の北武蔵東部の沖積平野には広大な水田が造成された。江戸近郊最大の穀倉地帯の出現である。

開発限界の到来

新田開発や河川改修などの土木事業は全国各地で進められた。一七世紀が「大開発の時代」と称される所以《ゆえん》である。右の武蔵国に限っても、国絵図・郷帳類の石高を比較すると、

慶長三年(一五九八)　六六万七一〇六石
正保郷帳(正保元年〈一六四四〉作成指示)　九八万二三二七石
元禄郷帳(元禄九年〈一六九六〉作成指示)　一一六万七八六二石余
天保郷帳(天保二年〈一八三一〉作成指示)　一二八万一四三一石余

と、慶長から元禄に至る一〇〇年間に、一・七五倍の拡張ぶりである。しかし、この波はその後急速に停滞へと向かった。開発の限界に達し、可耕地が枯渇し始めたのである。

元禄～享保期(一六八八～一七三六)に幕府の代官や勘定方役人を勤め、幕府農政のブレーンだ

った農政家の辻六郎左衛門《つじろくろうざえもん》(一六五三〜一七三八)が、この間の事情を端的に描写している。享保改革に際して八代将軍吉宗《よしむね》へ提出した上申書のなかの一節である(「辻六郎左衛門上書」『日本経済叢書 6』)。

新田ができるのはよいことだが、昨今、新田になるよい場所はなくなってしまった。この六、七〇年来、新田を見立て開発を手掛けた代官に対しては、開発した新田年貢米の十分の一が下付されたので、新田になるような土地は全国どこでも開発済みとなってしまった。近年は秣場《まぐさば》を新田にしようと願い出て開発するが、秣場は本田を養う肥やしや馬を育てるための場所だから、この地を新田にしてしまうと本田は痩せ、百姓が馬を育てる障害になる。したがって、昨今の新田開発は好ましくないことである。

上申書の書かれた享保初年(一七一〇年代)に至る六〇〜七〇年前から開発に拍車がかかり、近年は草肥や牛馬の飼料確保のための秣場まで開発するようになった。そのため本田の維持に支障をきたしている、と憂えている。明らかに開発が限界点に達し、社会と自然の関係が新しい段階に入ったのである。

地域により遅速はあるものの、おおむね一七世紀末には全国各地で開発可能地は新田化され、開発限界に近付きつつあった。他方で、この間に目覚ましく発達した稲作農業は、結果として、米の過剰生産から高物価・低米価状態を招くようになった。大坂近郊農村など都市に近い村々のなかには、すでに一七世紀後期、換金作物の木綿栽培にシフトし、米を購入して年貢米に充てるといったところさえ生まれていた。開発の行き詰まりをどう打開し、どう生産力を高めるかが社会全体の課題となった。

こうした事態は、とりわけ石高制にもとづき米穀年貢を収入源にして組み立てられた領主経済に大きな打撃を与えることとなり、領主財政の立て直しが喫緊の課題となった。吉宗が推進した享保改革は、財政悪化という形で表れた行き詰まりに対する領主階級の対応策である。

その施策の一つが、幕府主導による新田開発の奨励である。それは享保七年(一七二二)日本橋に新田高札の形で公示された。吉宗は、本田維持を基本にしながら新田開発を進める従来の路線を改め、より積極的な新田開発を打ち出した。高札が日本橋に立てられたことからもうかがえるように、この奨励策は都市の商人資本に期待するところが大きかったが、幕府自身も「私領村の地先《ちさき》であっても開発地は幕府領にする」とし、各地に役人を派遣して開発地探しに奔走するようになる。

新しい技術

開発限界のなかから新たな耕地を生み出すためには、自然改造に資する新しい技術が必要である。その役割を担ったのが紀州流の土木技術だった。利根川改修などを主導した従来の関東流(伊奈流)は、河川敷《かせんしき》や遊水地《ゆうすいち》を利用して洪水の勢いを減らすという考え方から、川幅を広く取り、また堤防の所々に乗越え堤を設ける方式を採用していた。これに対して紀州流は、直線状の締切堤を設けて川幅を狭め、川中に各種の水防施設を作ることで水流を制御する方法だった。河川敷や遊水地を耕地にできるという点で、この技術は新田政策にうってつけだった。

紀州流を主導した人物が井沢為永《いざわためなが》(弥惣兵衛《やそべえ》、一六五四?〜一七三八)である。紀ノ川支流に沿う紀伊国那賀《なが》郡溝ノ《みぞの》口《くち》村の大百姓の出身で、「才蔵記」の大畑才蔵より一回り年下にあたる。元禄三年(一六九〇)和歌山藩勘定方の役人に取り立てられ、その後吉宗に従って江戸に出、勘定所普請役の技術者を率いて多くの河川改修や干拓事業に携わった。主な河川改修としては酒《さか》匂川《わがわ》、江戸川、多摩川、大井川など。湖沼の干拓としては下総国《しもうさのくに》の飯沼《いいぬま》(現茨城県)・手賀沼《てがぬま》(現千葉県)、武蔵国の見沼《みぬま》(現埼玉県)、越後国の紫雲寺《しうんじ》潟《がた》(現新潟県)などがあげられる。

享保改革では、年貢増収の観点から木綿などの商品作物栽培を公認する方針も採用した。享保一八年(一七三三)に、全国の幕府領に通達して「畑物《はたもの》を田《た》方《かた》に栽培することは勝手である。

作柄は上のランクに位置付け、(年貢減額の)検見は行わない」としている。近年の本城正徳氏の研究によれば、この商品作物栽培の推奨策は、検地の際に高い斗代を付けて石高制に組み込む従来の方式から、多種作物栽培を奨励してそこから高率年貢を徴収しようとする方式への変更として位置付けられている。

享保一九年(一七三四)、幕府の指示で始まった本草学者丹羽《に》正伯《わしょうはく》による全国の物産調査も、こうした流れのなかの一施策とみることができる。「御国中津々島々に至るまで、その所にこれある品残らず書き出し申すべく候」(『享保元文《げんぶん》諸国産物帳集成 1』)という丹羽の指示のもとに、動物、植物から鉱物に至る全国各地のあらゆる物産が調査の対象になった。一六世紀末期、太閤検地のローラー掛けによって全国津々浦々の田畑は石高制のもとに数量化されたが、一世紀半を経た近世中期、全国土は改めて多種類の資源を生み出す大地として「再発見」されることになった。こうした趨勢のなかで、大名たちもそれぞれ自領の物産調査に乗り出し、産物会所の設立や専売制度など、新たな収入源の確保へと駆り立てられていく。

金肥への転換

ところで、新田開発にともなう採草地(秣場)の侵蝕は、否応なしに草肥を中心肥料にした伝統的農法に変革を迫るものとなった。木綿などの商品作物が即効性の肥料を欲したこととともあいまって、草肥に代わり干鰯《ほしか》などの金肥(購入肥料)が急速に広まるようになった。

才能を買われて相模国《さがみのくに》川崎宿の名主から幕府の農政担当役人に抜擢された田中丘隅《きゅうぐ》(一六六二〜一七二九)が、そうした状況を著作「民間省要《みんかんせいよう》」(享保六年〈一七二一〉)に記している(『日本経済叢書 1』)。

- 以前は郷村の善し悪しは秣場の有無をもって判断されていたが、近年は段々開発して新田になり尽してしまい、田地へ入れる秣を貯える村は少なくなった。
- それで、全国どこでも秣場をめぐる紛争が絶えず、海辺村では海草や貝を肥料にしている。しかし、山も海も遠い村では金を出して肥やしを買うことになった。
- 昔は金一両で干鰯が五〇〜六〇俵も買えたのに、今は七〜八俵も買えない。
- 一切の肥やしはみな干鰯の値段を基準としている。
- 近年干鰯が国々所々へ広まったのは、田地が増え人も多くなって秣場が尽きたからである。値段が高くなったのも、買う人が増えたからである。
- 油糟《あぶらかす》、粉糠《こなぬか》などは土地によっては役立たないこともあるが、これも高値になっている。

開発の波が秣場を侵蝕し、その結果、草肥から金肥へと転換していく様子がよくわかる。

金肥の中心の干鰯について概観しておこう。干鰯は油を絞った鰯《いわし》を乾燥させ肥料としたものである。もとは漁村の自給肥料だったが、摂津・和泉・紀伊国などの漁民の大網漁法によって大量捕獲が可能になり、まず畿内農村へ普及するようになった。大坂では早くも寛永元年(一六二四)に永代浜《えいだいはま》に干鰯揚げ場が創設されている。ただし、効果が強い半面、入手が困難だったことから、この肥料の使用は当初は収益の大きい綿作などに限られていた。しかし、一七世紀後半以降、関西漁民が関東漁場や伊予・豊後《ぶんご》・肥前国《ひぜんのくに》などへ進出するなかで供給量が飛躍的に伸び、稲作を始め、麦、菜種、藍《あい》作などにも用いられるようになっていった。江戸では、元禄八年(一六九五)に深川に揚げ場が設けられた。その後、享保年間(一七一六～三六)に四カ所となり、おもに上総国《かずさのくに》北部や九十九里浜産の干鰯が扱われた。近世後期には九十九里浜が全国最大の干鰯生産地帯へと成長するに至っている。

「民間省要」はこうした干鰯の隆盛をリアルに描写していたのだった。

一七世紀の目覚ましい農業発展は、その発展自体が限界を抱え込むことになった。稲作は余剰米を生むまでに至り、他方、精力的な開発は有限の可耕地の限界にまで到達してしまった。そして、その限界を越えようとする力に押され、草肥に支えられた農業活動は、次第に金肥を主役とする農業へとその席を譲ることになる。自然と社会の関係という角度から見た場合、一八世紀前半の時期はこの社会を前期と後期に二分する一大画期である。

2　生業が生む災害

土砂災害

草肥を中心肥料にした近世農業の発達は、自然との関係のなかで別の側面でも問題を抱え込むようになっていた。膨大な面積の草山や草原を草肥農業が必要としたことは、すでに前章でみたところだが、草山化された山々の一部がはげ山と化して土砂災害を生み始めたのである。淀川水系にその好例を見ることができる。全国的な動向の象徴として概観してみよう。

すでに一七世紀の早い時期から、この河川流域では土砂流入による川床上昇と水行滞りという災害が生じていた。淀川水系の一つ木津川沿いにあって、山間部からの支流が流れ込む山城国相楽郡菱田《ひしだ》村は、延宝五年(一六七七)に、こんな訴えをしている。

城州菱田村はおびただしき山川引受け申す在所にてござ候。川上は北稲八間《きたいなやづま》村・下狛《しもこま》村・

菱田村三カ村立合い(入会)の柴草山にてござ候。風雨の節、土砂押し出し、もっとも御公儀様より毎年杭《くい》、かせ(枷杭)、御扶持方下され御普請つかまつり候えども、大川ゆえたびたび堤切れ込み、本田へ砂入り永荒《えいあ》れに罷《まか》りなり、つれづれ以て村中衰微つかまつり候。しかれども(中略)もっての外、稲八間村には、右立合い山に大分新開致され、渇水の時分、用水まで押し留め申され、かたがた以て菱田村迷惑つかまつり候御事。

(『精華《せいか》町史　史料編2』)

風雨の時には川上の柴草山から土砂が流出し、田地に土砂が入って荒れ地化している。毎年公儀から杭木用材や御扶持(人足賃)を下付してもらい工事をしているが儘《まま》ならない。にもかかわらず、一部の村は山内の新開まで行っている、と訴えている。

山間部の土砂災害の原因は、草肥取得以外にもいろいろあった。城下町の建設用に大量の樹木が伐採された。爆発的に増加した人間生活に供するための燃料用の薪も大量に必要となった。灯火用樹根の掘り取りが山を荒らしたという説もある。しかし、菱田村の訴えにあるように、草肥農業が山地荒廃の元凶の一つだったことは間違いない。

図5-2を見てみよう。貞享《じょうきょう》元年(一六八四)に、菱田村の対岸近くの山城国相楽郡平尾《ひらお》村を

描いた村絵図である。山間部に注目しよう。草山と新田とはげ山の併存である。木津川に流入する山川は二筋とも「砂川」と記されている。とくに北側の北山川は「田地より川床迄高サ十間」もある天井川《てんじょう》である。肥料確保のための草山化や山間部の新田開発が土砂災害をもたらしている。自然への能動的な働きかけが災害の元凶になる。

土砂留め制度

淀川水系に即して、もう少し観察を続ける。三都の一つとして成長しつつある大坂に対して大きな被害を与え、河川交通の障害にもなるということで、幕府は早くから淀川水系に普請役を派遣して、堤防の修築や点検に努め、また、当該地域を領する領主に対しても、植林や砂防のための土砂留め(砂留め)の工事を命じていた。寛文六年(一六六六)の著名な「諸国山川掟」もその通達の一つだった。しかし、土砂災害は増加の一途をたどった。中小領主の領地が複雑に入り組む支配構造が広域的な土木行政を困難にするという悪条件も重なった。

こうした状況に対応する施策として、貞享元年に淀川・大和川水系を対象に画期的な管理制度が作られた。幕府の出先機関の京都町奉行所(後に大坂町奉行所も加える)を上級管轄役所とし、畿内近国の大名をその下に配置して、郡を単位に土砂留め事業を担わせるという制度である。担当大名家臣の土砂留め(砂留め)奉行が、自領・他領の別なく郡内を定期的に巡回し、当該場

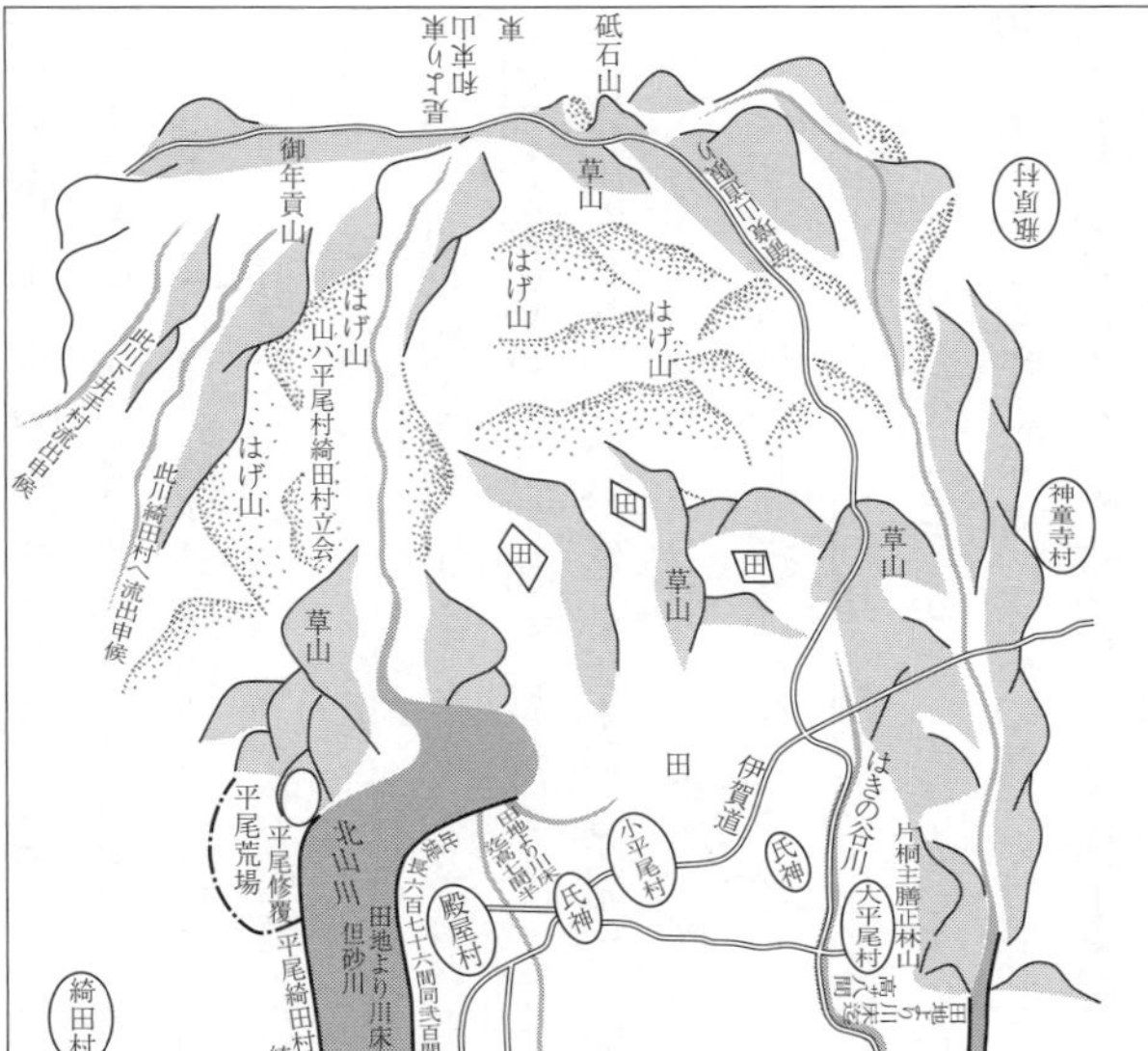

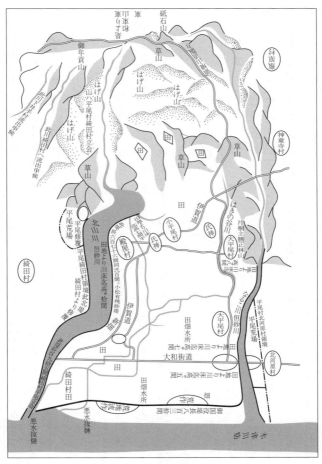

図 5-2　山城国相楽郡平尾村絵図

所の村民に土砂留め工事を命じるのである。この制度の開始によって、ちょっとした開発でも自領主のみならず土砂留め奉行の許可が必要になった。個々の領主の土地支配権に干渉するという点で、これは幕藩体制の原理に照らしても画期的な制度だった。

「検地帳に掲載された田畑でも土砂流出箇所ならば廃棄して植林せよ」という厳しい態度が功を奏し、この制度の下で土砂災害は徐々に食い止められる方向に向かった。享保一一年(一七二六)から尼崎《あまがさき》藩を担当大名として始められた武庫《むこ》川《がわ》流域のデータがわかりやすい。流域の川辺《かわべ》郡長谷《ながたに》山地域(現兵庫県)を例に取ると、ここでは享保二〇年(一七三五)時点で六二カ所の工事指定箇所があったが、延享元年(一七四四)には六カ所が工事完了となり、以後寛延《かんえん》三年(一七五〇)一カ所、宝暦二年(一七五二)二カ所、同六年二一カ所、同一二年四カ所と、つぎつぎに工事が完了し土砂留め指定解除となっている。

草肥の否定

しかし、山利用を制限して土砂流出を防ぐという目的で導入されたこの事業は、当然のことながら、生業としての草肥農業に抵触するものだった。事業の進展は取りも直さず草肥農業との矛盾の拡大を意味していた。元禄一一年(一六九八)、山城国乙訓郡浄土谷《じょうどだに》村から提出された訴えは、その様子を記して明解である。

城州乙訓郡浄谷(浄土谷)村領字柳谷《やなぎだに》の事、(中略)右山内に十一年以前辰年、高槻《たかつき》土砂留め役人差図にて、(中略)松苗を植え置き申し候ところ、只今ことのほか茂り候ゆえ、草柴生え申さず、薪または牛馬飼料、ならびに田地養いの草不足に罷り成り迷惑つかまつる。

(元禄一一年〈一六九八〉、『長岡京市史　史料編3』)

一一年前に高槻藩土砂留め奉行の指図で松苗を植えたところ、ことのほか繁茂した。それが邪魔をして草柴が生えず、薪や牛馬の飼料、田地養いの草が不足し迷惑している、という。草肥農業の進展のなかで生じた災害の防止策が、その農法自体を阻害していく。

そして、その結果、ここでも金肥農業への転換が進行する。近江と信濃の事例になるが、草肥と土砂災害と金肥導入の関係を示す史料を二例あげておきたい。一つは近江国蒲生郡石寺村《いしでら》である。享保一四年(一七二九)の明細帳でこのように述べている。

田畑こやしは野山草芝もござなく、例年代物《だいもつ》(代りの品)壱反につき二拾五匁、三拾匁の積り大坂より参り候干鰯買い調《ととの》え田作つかまつり候。

(『安土町史　史料編2』)

同村は、北は観音寺山、東は箕作山《みつくりやま》を背負う山麓にあり山地に恵まれた立地条件だったにもかかわらず、草芝が確保できないので田の肥やしとして大坂経由の干鰯を肥料にしている、といっている。村絵図などを参照すると、じつはこれらの山々は、多数の土砂留め工事を要するはげ山状態にあった。

もう一つ、信濃国伊那郡の山々を描いた前章図4―3にも村名が見えた、天竜川《てんりゅうがわ》東岸の今田《いまだ》村明細帳をあげる(龍江《たつえ》支所所蔵文書)。

一、田畑肥やしの儀、草場払底《ふってい》にて、飯田町にて油糟、焼酎糟少々づつ買い調え用い申し候。(宝暦八年〈一七五八〉)

一、三十九町、刈敷山。(文化二年〈一八〇五〉)

一、当時はすべてはげ山多くござ候て、砂入りなど出来つかまつり候村方にござ候。(同右)

広大な刈敷山があるにもかかわらず、草場は払底しており、肥料は購入肥料に頼らざるを得なくなっている。その原因は山がすべてはげ山と化してしまったからである。草肥→刈敷山のはげ山化→金肥、の論理がよくわかる。

なお、飯田近在の村々は、農間余業に紙を漉《す》き、「堀様御領分町在」(飯田城下や在郷町の八幡)へ出荷していた。同じ今田村明細帳に次のようにある。

一、村方作間稼ぎには紙すき渡世仕来たり申し候。堀様御領分町在の商人へ売りさばき申し候。(天保九年〈一八三八〉)

先に示した凡例録モデルでは、農間余業として養蚕などをあげていたが、この地ではそれは紙漉きだった。新しい産業は、藩領域の枠組みを越えた市場圏を作り始めていた。ちなみに、同村を含む幕府領の百姓たちは、飯田藩が始めた紙売買の統制に反対し、文化六年(一八〇九)天竜川を渡河して、飯田藩領の紙仲買人宅を打ち壊す「紙問屋騒動《かみどんや》」を起こしている。

クローズドからオープンへ

新田開発の展開と可耕地の枯渇、草山化が生む土砂災害、その過程で生じる草肥から金肥への移行、などなど。社会と自然の間に生み出された各種の新しい関係を整理するために、もう一度前章で紹介した「資源循環利用のクローズド・システム」の図(4-4)に立ち戻ってみよう。前章ではこの図を評して資源利用からみた近世農業の模式図とした。しかし、享保期を分水嶺として大きく転換する農業の様相を踏まえるならば、同図は主として近世前期農業を投影した図と限定づける必要があるだろう。そして、その後の展開を加えれば以下のような説明となる。「系外から入力された日光および雨水をエネルギー源とするこのシステムは、牛馬を駆使した百姓たちの能動的な働きにより、急速に出力を増大させ、また新田開発により同型モデルを全国各地に量産していった。だが、このシステムは発展するにつれて自然との関係において行き詰まりを見せるようになり、新たに金肥という資源を系外から導入する形へと変容していかざるをえなかった。その結果、このシステムは、村を単位にした閉じられた形から、都市の肥料問屋を介して全国の流通世界とつながるオープンなシステムへと転換する」。

本書で主要なフィールドにした近江国甲賀の村々でも、一八世紀初頭になると干鰯が流入していた。酒人村の近く、東内貴村の正徳二年(一七一二)の明細帳は、「伊勢の四日市《よっかいち》・白子《しろこ》・白塚《しらつか》などから持ち込まれた干鰯を水口城下で購入している。今年は大分高値だ」と記している。

ところで、金肥を多用するようになったオープン・システムの後期農業は、村内の階層格差と地域間格差の拡大を大きな特色とした。天保一二年(一八四一)ころに長州藩が行った周防国や長門国の村落調査(『防長風土注進案』)から、関係記事を抜粋してみる。

- 精力ある者は干鰯や油糟、糠などを用いるが、貧困な百姓は至って難渋している。（周防国都濃《つの》郡末武上《すえたきかみ》村）
- 中以上の者でなければ買い肥などすることができず、（下層の百姓は）もっぱら草や下木を採取して肥しとして農業を営んでいる。（長門国美祢《みね》郡赤《あか》村）
- 上層の百姓は買い肥を多く使うので、田地も自然と上田になり、いよいよ勢いを強めている。（同村）
- 村内に山野も多く下草も相応にあるが、不毛の土地は下草だけでは出来兼ねるので、日雇い稼ぎなどで銭を儲け、油玉・醤油かす・焼酎かすなどを、津和野《つわの》御城下から買い求めている。（長門国奥阿武《おくあぶ》郡徳佐《とくさ》村）

中堅以上の百姓が金肥を用いるのに対して、その購入が難しい貧窮百姓は草肥に頼らざるをえないとしている。草肥は村掟で日時を決めて共有山から一斉に取得するなど、相対的に村民にとって平等な肥料だった。これに対して金肥は家単位での購入だったから、上層百姓がこれを多用して生産性を高める一方、購入困難な下層百姓は草肥に依拠するか、日雇い稼ぎで貨幣獲得に走らざるをえない。生み出される富が家ごとに偏在し、貧富の格差が増幅される様子がよくわかる。

金肥はまた、流通ネットワークへの接触程度によって、新しい地域間格差も生み出した。

・総じて山中なので下草は十分にあるが、そのほか水肥・魚肥などは困窮所なので仕込む事ができない。（長門国大津《おおつ》郡俵山《たわらやま》村）

「水肥」とは都市部から購入する屎尿肥料であろう。前期農業において先進を誇った山持ち村は、後期農業にあっては時代遅れの後進地帯へと反転する。自然と村の生業の関わりを模式図化した図4－4は、その枠組みを維持しながらも、〈上層・先進＝金肥〉〈下層・後進＝草肥〉へと分化していく。

3　自然史の中の社会史

自然災害略史

他の社会と同様に近世もまた、人間生活が営まれる場である大地や自然環境に帰因する多様な災害に見舞われていた。一七世紀から一九世紀の時期、列島上に生じた自然災害の主なものを列挙してみよう(水本「人と自然の近世」)。

太平洋を取り巻く世界有数の地震帯に位置する日本列島にあって、地震はこの三世紀ほどの間にも頻発した。本能寺の変の三年後の天正一三年(一五八五)に畿内・東海・東山・北陸を襲った大地震から、幕末の慶応二年(一八六六)銚子《ちょうし》の地震までの回数を『理科年表』で数えると、マグニチュード六・五以上の大地震に限っても合計一〇〇回近くに及ぶ。約二・八年に一度という頻度である。

地震は社会に家屋倒壊や津波、火災などの被害をもたらした。家屋倒壊・山崩れの著しかった大地震としては、慶長一六年(一六一一)の会津地震、宝暦元年(一七五一)の越中・越後地震、弘化《こうか》四年(一八四七)善光寺地震があげられる。津波被害は、慶長九年の東海・南海・西海地震、同一六年の三陸地震、明和八年(一七七一)の八重山《やえやま》・宮古《みやこ》群島地震などで顕著だった。宝永四年(一七〇七)に東海から中国・九州に被害を与えた大地震では家屋倒壊と津波被害が重なり、安政二年(一八五五)の江戸大地震では、家屋倒壊に加え各所で火災も発生した。

火山活動も活発だった。とりわけ一八世紀には列島の火山史上最大級の噴火が起きた。後述する宝永四年の富士山の噴火のほか、寛保元年(一七四一)渡島大島《おしまおおしま》(北海道)の噴火、天明三年(一七八三)の浅間山噴火、寛政四年(一七九二)の雲仙普賢岳《うんぜんふげんだけ》噴火などがあげられる。浅間山を例にとると、この山は、天仁《てんにん》元年(一一〇八)の大噴火をはじめとして以前から断続的に噴火を繰り返していた。噴出物総量が七億立方メートルにものぼると推定される天明噴火での多量の溶岩や火山灰は、山麓の鎌原《かんばら》村などを押し埋め、田畑に堆積したのみならず、吾妻川《あがつまがわ》・利根川流域の大洪水の原因ともなった。成層圏へ吹き上げた火山灰が直射日光の照射を妨げ、世界的規模での不作の要因になったという指摘もある。

地震や噴火活動が突発的な発生なのに対して、気候はより長期にわたって社会に影響を及ぼす。近世の人間の歴史は、おおむね寒冷でかつ変動の激しい「小氷期」(一六～一九世紀)と区分される気候のなかで繰り広げられていた。現代と比較して、温かい年でも二度、寒冷な年は五度程度低かったというデータがある。なかでも一六一〇年から一六五〇年に至る四〇年、一六九〇年から一七四〇年にいたる五〇年、そして一七八〇年からその後一〇〇年の時期が、この列島ではとくに寒冷だった。寛永、享保、天明、天保の飢饉はいずれもこの寒冷期に生じている。このうち、享保一七年(一七三二)の飢饉は直接はイナゴやウンカによる被害だが、大発生の背景には涼し過ぎた長梅雨の後の急速な高温化という気象変動があった。

災害に立ち向かう

災害に対する社会の向き合い方はさまざまであり、対応・復興のあり方にもその社会の特色が端的に表れる。近世社会は災害にどのように対応しただろうか。以下、百姓たちが知恵と工夫を凝らして取り組んだ飢饉対策と、突然の大規模災害だった富士山の噴火に対する復旧事業を例にとって、この社会の自然災害への立ち向かい方を観察してみよう。

百姓たちの飢饉対策の事例として、天保飢饉に際して信濃国高遠《たかとお》藩領の伊那《いな》郡北大出《きたおおいで》村が行った取り組みをあげてみたい。同村の百姓、村上伝左衛門《でんざえもん》(嗣季《つぐすえ》)が天保九年(一八三八)にまとめた体験記「凶年違作《いさく》日記・附録」に詳しく記録されている。伝左衛門は天保三〜五年などに村の名主を勤め、また同七年には、高遠藩から郡全体の救荒対策を考案実施する役を命じられた人物である。日記には、飢饉の様子や百姓たちの知恵を絞った対策が具体的に記録されている。おもな取り組みを列挙する。

- 食糧――山野に出て、野老《ところ》、葛根《くずね》、わらび、ほど(塊芋)、牛房葉《ごぼうは》などの救荒植物を採取して食糧にする。大百姓も小百姓も粟糠《あわぬか》、大豆糠、稗《ひえ》の粉などを日常食とする。
- 用水確保――領主の高遠藩に申請して、天竜川から直接取水する農業用水路を新たに開削する。同じ用水系の村々の人足を動員して行う。
- 倹約――村の産神《うぶがみ》祭礼も親子兄弟のみの集まりとし、酒の購入も神前の神酒《みき》のみとする。鎮守神明社《ちんじゅしんめいしゃ》の祭礼は延期する(天保八年)。節句・歳暮・年玉等の祝い事を廃止し、贈答や贅沢を廃する。葬礼・祭礼を簡素化し倹約する。

● 互助――百姓仲間の林を売却し、代金を名主宅で保管のうえ年貢未納分に充てる。村方の中以上の百姓から融通金を出させ、極難の者へ稗を買う資金などとして割り当てる。

● 治安――田畑野荒らしが多くなったので、昼夜番の者を大勢付け、厳しく番をする。

● 地主・小作関係――小作米徴収をめぐり地主と小作人の折り合いがつかない場合、名主が減免率を定め、調停する。

● 祈願――雨乞いを実施する。諏訪《すわ》大社へ日参する村、戸隠山《とがくしやま》へ詣でる村などもある。

● 年貢――村役人が作柄調査を行い、年貢減額のための検見を願う。見分を願わないで、代わりに御救い籾《もみ》の下付《かふ》を願うこともある。未納米の一部を夫食《ぶじき》(食糧)として拝借する。

村内の互助機能に依拠しながら、飢饉に立ち向かう百姓たちの多様な試みが注目される。こうした百姓たちの自力の取り組みは、次の富士山の噴火に際しても共通しており、近世社会における災害対策、復興事業の基本をなしている。

体験記には、領主の高遠藩の施策についても触れられている。

- 領内の社家を招集し、五穀成就の祈禱を命じる。
- お救い方の役人を廻村させ、難渋者に御救い米を支給する。
- 夫食貸しとして玄米を無利子で貸与する。
- 一村に二人ずつ「夫食融通《ゆうずう》世話役」を、また郷に四人ずつ「大融通世話役」を設置し、米穀・金銭の融通に目配りさせる。

領主側の対応としては、御救い米の支給などが施策の中心だった。ただし、それらは百姓側の要求度合いに左右されることが多く、できるだけ百姓たちの自力に依存しようとする傾向が強かったことも注目される。

富士の噴火　宝永四年(一七〇七)一一月二三日、富士山が東南斜面で大噴火を起こした。噴火は半月ほど断続的に続き、噴出した火山礫《れき》や火山灰は偏西風に乗り、駿河国《するがのくに》北東部、相模国北西部から、江戸、房総半島にまで降り注いだ。膨大な噴出物は家屋倒壊や田畑の荒廃、河川氾濫などの災害を引き起こし、長期間、広範囲に影響を及ぼした。積砂(火山礫や火山灰、テフラ)被害の最も大きかった駿河国駿東《すんとう》郡須走《すばしり》村(現静岡県)では一丈三尺余(約三・九メートル)、相模国足柄《あしがら》郡(現神奈川県)でも二尺一、二寸から三〜四尺、今の藤沢市や横浜市付近でも一尺ほど積った。不測の大災害に対し、社会はどのように対応しただろうか。

村の復興は百姓たちの取り組みを中心に進められた。彼らは一方で領主に対して繰り返し飢え人救済や砂除《すなよ》け御普請を訴願しながら、営々と自力での砂除け作業を続けた。砂の厚さが四尺五寸(約一・四メートル)にのぼった駿東郡用沢《ようさわ》村では、宝永六年、村中で相談し以下のルールを決めている。砂で埋まった井堰《いせき》を共同で掘り開ける、田畑は持ち主が誰であるかを問わず水を流して再開発する、開発した田畑は提供した人足高に応じて配分し、五年間はその百姓に割り当てる、など。深い砂に覆われた村々では、何よりも百姓たちの共同作業が必要だった。同じく四尺五寸の積砂のあった同郡の棚頭《たながしら》村でも同様の方法がとられたという。

百姓たちの自力の活動は、このように災害時にもいろいろな形で発揮されていた。だが、自力での砂の除去は容易ではなく、噴火から九年を経た享保元年(一七一六)時点でも、用沢村の砂除け率(再開発石高の割合)は二二・二パーセント、棚頭村に至っては六・六パーセントという厳しさだった。

領主たちの対応

領主側の対応はどうだったか。主な流れを年表にしてまとめた(表5-1)。領主側の復旧策にも近世社会の特色がよく表れていた。幕府主導で進められた復旧策は大きく三点にまとめられる。

①被災地を幕府領に編入し、小田原藩などには代替地を与える。
②大名の御手伝い普請を用いながら酒匂川などの河川改修を行う。
③諸国高役金《しょこくたかやくきん》と称する復興税を全国から徴収し、対策費に充てる（高一〇〇石に付き金二両。徴収総額四八万八七七〇両余）。

①は、被災地小田原藩の藩主大久保忠増《ただます》が、当時幕府老中だったことに大きく影響されていると見られるが、施策の一番目が大名・旗本救済のための領知替えだったところに、武士身分を国政の担い手とするこの社会の特色がはっきりと現れている。

②の河川改修事業も近世領主の個性に見合う対策だった。河川に積った降砂の除去や堤防工事は、酒匂川流域の多数の村々を二次災害の水害から守るためにも必要な事業だった。大名の御手伝い普請や、幕府郡代・代官による長期に及ぶ改修事業は、水利土木行政の推進という公儀領主のアイデンティティーに則った取り組みといえる。

③の全国の幕府領、私領への一律課税は、幕府と藩の二重の支配構造の下で、イレギュラーで画期的施策だった。従来の研究では、もっぱら徴収金の被災地救済以外への転用に関心が集まっているが、もっとも重要なことは幕府が大名領や旗本領などの私領をも課税対象にしたことである。この広域課税方式は、その後、享保五年（一七二〇）から恒常化される大河川の国役

	の村に「砂退け御救い金」を支給(6年2月まで). 5月, 種麦代を支給. 8月, 馬の飼料代を支給. 11月, 一部の年貢米を免除.
3月	**(旧大久保領村々からの砂除け御普請願いに対し)** 見積帳を提出させる.
宝永6年(1709)	
3月	**(「御救い夫食石代金」打ちきりに反対する駿東郡村々からの江戸伊奈屋敷への出訴に対して)** 検使を派遣. 飢え人御救い金支給.
5〜6月	**(砂除け御普請を願った伊奈屋敷への出訴に対して)** 伊奈郡代・幕府目付が相模・駿河の被災地を巡見. 見積帳を提出させる. 12月から3尺以上の村に砂除け開発金の支給を開始.
7月	相州川筋の再度御普請. 津藩・浜松藩, ついで山形藩などに手伝いを命じる. (〜7年7月. 以後酒匂川の治水工事は享保期まで継続)
9月	**(村々からの普請人足賃増額願いに対し)** 伊奈郡代が村の代表を勘定奉行の内寄合に同道する.
12月	**(駿東郡村々より老中土屋相模守へ, 見積り金額下付の訴願)**
正徳3年(1713)	**(駿東郡村々から拝借金の訴願)**
享保元年(1716)	
3月	幕府領に切り替えていた私領の一部を元の領主に還付.
12月	**(村々からの懇願により)** 田畑・用水再開発のための人足扶持米支給開始. (以後継続)
延享4年(1747)	幕府領に切り替えていた私領のほとんどを元の領主に還付する.
天明5・6年(1785・86)	幕府領にした私領のすべてを元の領主に還付する.

菊池万雄『日本の風土と災害』, 松尾美恵子「富士山噴火と浅間山噴火」, 『小山町史 7』, 『神奈川県史　通史編3』などから作成. 太字は百姓たちの起こした行動.

表 5-1　富士山宝永噴火に対する復旧対策

①小田原藩	
宝永 4 年(1707)	
12 月	(村々からの見分願いに対し)藩役人を派遣し，百姓自力の復興を指示.
宝永 5 年(1708)	
1 月 9 日	(相模国の百姓 4 千～5 千人集結，江戸への出訴行進に対し)御救い米 2 万俵・砂掃き費用 2 万 7000 両の支給を約束.
1 月 14 日	(村役人の江戸出訴行動に対し)2 万俵のほか飢え人扶持の支給，田畑の砂除けを約束.
1 月 22 日	御救い米 2 万俵のうち 1 万俵の支給を申し渡す.(これ以前より飢え人扶持支給)
閏 1 月 15 日	宝永 4 年分の本年貢・小物成未納分を免除，貸付米金の返済を延期.
②幕府関係	
宝永 4 年(1707)	
11 月 23 日	将軍護持僧の龍光僧正に命じ除災の千手法を実施.
11 月 25 日	徒目付を被災地に派遣. 26 日，久能山東照宮の安全確認を行う.
宝永 5 年(1708)	
1 月 16 日	武蔵・相模・駿河の被災村々に砂積りの除去を指示し，御救いもある旨を触れるように，関係領主に通達.
閏 1 月 3 日	小田原藩領，大久保長門守領，稲葉紀伊守領と幕府領との交換を命じる.
閏 1 月 7 日	幕府領・大名領を問わず，全国から高 100 石に付き金 2 両ずつの諸国高役金を徴収.(徴収額 48 万 8770 両余の内 16 万両余を復旧費に充て，残りは江戸城北の丸御殿造営費用などに留保)
閏 1 月 7 日	関東郡代伊奈半左衛門(忠順)に小田原藩領の復旧工事を命じる.
閏 1 月	酒匂川などの川浚い普請に着手. 岡山藩，越前大野藩など 5 藩に手伝いを命じる.(普請は 2 月～6 月初め. 6 月 22 日の大洪水で堤防決壊. 宝永 6 年にも決壊)
2 月	(藩の政策を受け継ぎ)伊奈郡代役所から砂 3 尺以上の村に「御救い夫食石代金」，砂 2 尺 9 寸以下

普請制度へと継承される。災害を契機として新しい権力発動の形が生まれた好例として興味深い。

災害復興に際してもっとも問題になったのが、用沢村や棚頭村など各村の被災百姓の救済や積砂除去問題である。広域土木工事を復旧事業の中心に置く領主側の施策と、村の復興を第一義とする百姓とが、この問題をめぐって長期にわたり対立する状態が続いた。小田原藩も幕府も、各村の復興については「村の自力」を原則にしていた。他方、百姓たちは「自力に叶わず」として領主の救済を望んだ。表5-1をみると、百姓側の繰り返しての訴願に対し、領主側が少しずつ譲歩していく様子が見て取れる。領主の対応の仕方は天保飢饉時の高遠藩とも符合するものであり、近世領主に共通した特色といえるだろう。この社会では災害復興もまた、「自力」をキーワードとして推移した。

絵馬の奉納

噴火が登山者のない冬季だったことや(太陽暦で一二月一六日)、火口直近に集落がなかったことから、不幸中の幸い、宝永噴火での直接の死者は記録されていない。しかし、自力では避けられず多数の死者を出した災害もたくさんあった。開帳で賑わう門前・境内を直撃した善光寺地震もそうした大災害の一つだった。

弘化四年(一八四七)三月二四日、長野盆地の西縁部で発生した内陸直下型地震は、マグニチユード七・四。中心部では震度七の激震と推定される大地震だった。地元善光寺での死者は二五〇〇人近くにのぼり、また全国からの参詣者七〜八〇〇〇人のうち生存者はわずか一割に過ぎなかったという。潰れ家は二三〇〇戸ほどと推定されている(『日本被害地震総覧』)。各地で大規模な山地崩壊も起こった。その数は六万カ所以上といわれる。土石流の被害もあちこちで起きた。飯山藩領水内郡吉村《みのちよしむら》では隈取川《くまとりがわ》沿いの土石流で五五戸が埋まり壊滅状態となった。

最大の崩壊を起こした虚空蔵山《こくぞうさん》(岩倉山)では土砂が犀川《さいがわ》を堰き止め、深さ七〇メートル、長さ二三キロメートルの湖を作った。一カ月後決壊して善光寺平を直撃する。洪水の高さは犀川出口で六丈五尺(一九・七メートル)、松代で二丈(六メートル)。一二四時間後には新潟に到達した(『理科年表』『善光寺地震——松代藩の被害と対応』など)。

この地震にまつわる一枚の奉納絵馬を紹介しよう(図5-3)。長野県上田市別所《べっしょ》温泉にある北向《きたむき》観音堂に掲げられた絵馬である。画面の右半分から上部には、燃え上がる善光寺の本堂や門前の家々、その下敷きになった人々の悶え苦しむ姿が描かれている。一方、左の上方には、観音像。そこから射す後光が、笠と荷物を手に裸足で駆け去る旅姿の男を照らし出している。男は絵馬を奉納した尾張国(現愛知県)知多《ちた》郡新田の市之助である。奉納文によれば、彼は同行一五人による善光寺参りの途中で夢のお告げを受け、一人別行動をとって北向観音に詣でた。

図 5-3　善光寺地震奉納絵馬(上田市・北向観音堂)

その後、善光寺で一行と合流し宿の「ふじや」に宿泊。そこで大地震に遭遇した。同行の仲間がみな命を落とすなかで、観音の御利益あってか彼だけが辛うじて脱出できた。しかし、懐中の観音のお守り札は真二つに裂けていた、という。

　助かった彼はすぐに観音に御礼参りしたのだろう。絵馬奉納の月日は地震翌日の三月二五日と記されている。絵馬は門前で注文したものか、あるいは後に誂《あつら》え掲げたものか。

　幕末期の尾張国知多郡には、込高《こみだか》新田、八《や》ツ屋《や》新田など新田と名の付く村が七カ村ほどあり、市之助たちの村を特定することはできないが、いずれにしろ名古屋から木曽谷《きそだに》を通っての善光寺参りだっただろう。刈敷の図として紹介した

「善光寺道名所図会」（図４－２）のあの道を歩いたはずである。

市之助の仲間たちは、突然の地震に遭遇し他の多くの被災者とともに命を落としてしまった。このような事例はこの社会でも枚挙に暇ない。自然への能動的な関与が顕著な近世にあっても、人間社会の存続は決して自明ではなく、自然史・地球史の動きに大きく左右される危ういものだった。後世から眺めれば、連続が当たり前とみなされる歴史の流れも、じつは大きな自然史のなかで生じる断絶や行き止まりに遭遇しながら、かろうじてたどられた僥倖《ぎょうこう》に過ぎない。北向観音の後光は、人間社会史が本源的に内包するそうした脆《もろ》さ、儚《はかな》さを私たちに照らし出しているかに見える。

おわりに

本書のはじめに紹介した異国人たちは、見聞した近世日本と母国の社会との相違についても言及しており、またそれらの旅行記を資料にして社会の比較研究を行った異国人もいた。本書の構成からは視界に入り切らなかった地球的規模、世界史的広がりという点から、近世日本農村の位置取りについて、最後に少し触れておきたい。

糞尿の悪臭に閉口していたツュンベリーは、近世日本の農民の環境について、自国スウェーデンの農民や農村社会と比較しながら、次のように述べている。

日本の農民は、他の国々で農業の発達を今も昔も妨げているさまざまな強制に苦しめられるようなことはない。農民が作物で納める年貢は、たしかに非常に大きい。しかしとにかく彼らはスウェーデンの荘園主に比べれば、自由に自分の土地を使える。スウェーデンの農民は、わずかな金のために馬を走らせて物を運ばねばならない。そのために丸二日間も仕事を妨げられるし、（中略）脱走兵や囚人を、すぐ近くの城へ移送するために耕作を休まねばならない。（中略）だが、日本の農民は、こうしたこと一切から解放されている。彼らは、騎兵や兵隊の生活と装備のために生じる障害や困難については、まったく知らない。そんなことを心配する必要は一切ないのだ。日本の農業に十分な余裕があるのは、たった一人の主人、すなわち藩主に仕えるだけでよいからである。国の役人、徴税官、地方執政官、警察等々という何名もの人間によって支配されることはない。（中略）農民は、自分の土地の耕作に全力を投入し、全時間をかけることができ、妻や子供はそれを手伝う。（中略）その結果、この国の人口密度は非常に高く、人口は豊かで、そして夥《おびただ》しい数の国民に難なく食料を供給しているのである。

（『江戸参府随行記』）

文面から推測するに、当時のスウェーデンは、多数の領主が重なりあって農民を支配し、さまざまな賦役や兵役など生の労役を課す農奴《のうど》制の社会だったと想定される。じつは近世日本の百姓たちも、河川改修の土木工事や街道の運輸労働（助郷《すけごう》）に駆り出されることがあったから、彼の認識は修正を要するが、それにしても、近世百姓が多くの時間を農業に専念できる環境にあったことは事実である。

この仕組みは、戦国期の争乱のなかで、ムラに結集する村衆の活発な動きを背景に、地元出身の地侍衆が自己変革を経て生み出したものだった。新しい農村社会は、ツュンベリーがみたように、生業に専念する百姓と「一人の主人」(「藩主」)、つまり公儀領主とが、あい対する形で構造化されていた。領主と百姓がそれぞれに身分的役割を担いながら、相互に関係し合う社会構造とその長期的な持続は、近世日本を大きく世界史に位置づけるに際して重要な指標となるだろう。

旅行記を読んで、近世日本の農村社会をヨーロッパ封建社会にぴったりのモデルと見た西洋人もいた。たとえば『資本論』を書いたカール・マルクス(一八一八～八三)である。彼は資本主義的生産様式の成立過程を論じるなかで、次のような注釈を記していた。

　日本は、その土地所有の純封建的組織とその発達した小農民経営によって、たいていはブルジョア的先入観にとらわれている我々のすべての歴史書よりもはるかに忠実なヨーロッパの中世像を示してくれる。

(『資本論 第1巻』第24章)

近年の研究によれば、彼の日本像は、主としてイギリス人ラザフォード・オールコック(一八〇九〜九七)が著した見聞記『大君の都』に拠ったと推定されている。安政六年(一八五九)初代駐日イギリス総領事(後に公使)として赴任したオールコックは、たとえば伊豆国韮山《にらやま》付近(現静岡県)の農村社会を評して、「ヨーロッパにはこんなに幸福で暮らし向きのよい農民はいない」「これほど温和で贈り物の豊富な風土はどこにもない」などと記していた。これら幕末段階の農村社会は、すでにクローズドからオープンな資源利用システムに移行して久しい時点での様相だが、オールコックの眼には当時のヨーロッパ農村に較べてはるかに豊かだと映った。そして、恐らくこれらの旅行記を大英博物館図書館で目にしたマルクスが、自説の中世像に重ね合わせたというわけである。

これらは、いずれも西洋人によるヨーロッパ農村(ヨーロッパ中世)との比較観察だが、近年、中国史・朝鮮史研究者が提唱する「東アジア世界の近世化」という議論のなかで、中国・朝鮮農村との同質性において取り上げられることにも、言及しておく必要があろう。論者の一人である宮嶋博史氏は以下のように指摘する。

東アジアにおいてはきわめて古い時代から、乾燥地帯における畑作と、湿潤地帯における稲作が並行して行われてきた。(中略)東アジアにおけるこのような農業の画期的変化(一六世紀以後に見られる稲作の優越化のこと―水本）を生み出した要因は、それまで山間部の小平野部でのみ可能だった移植式の集約的稲作が、大河川の下流平野部においても可能となったことである。中国大陸においてこの変化は宋代に始まり、明代の一六世紀になって長江デルタ地域の治水が安定することによって確立した。朝鮮半島・日本列島においては一六―一八世紀に基本的に同様の変化が見られ、こうした集約稲作の画期的拡大が、当時としては世界に例をみない高い土地生産性と高い人口密度を生み出す原動力となった。

（「東アジア世界における日本の「近世化」――日本史研究批判」）

このように、氏は一六世紀を前後する時期、日・中・朝のいずれにおいても集約的稲作農法が確立したとしたうえで、こうした動向を東アジア社会の近世化のもっとも重要な指標とするのである。ここでは日本近世の農村社会や百姓経営は、アジア史の発展段階の文脈のなかで捉えられようとしている。

ヨーロッパの同時代人によって自国社会との比較対象とされ、また、東アジア世界の近世化という枠組みのなかで改めて注目されるようになった近世日本の村と百姓たち。近世百姓を担い手とするこの社会を、地球的スケールの人類史のなかにどのように位置づけるべきか。この検討作業は、今後に残された興味深い課題である。

あとがき

今から四十数年前、筆者が近世史の勉強を始めた一九七〇年の頃、村落構造や百姓一揆の研究は、それ以前からの隆盛を保った主流的分野の一つだった。地方《じかた》文書、庄屋文書の発掘・整理が盛んに行われ、「小農民経営」や「地主制」や「世直し一揆」などをキーワードにした研究がたくさん発表されていた。その背後には、マルクス主義に主導された戦後歴史学が、土地所有や農業形態を歴史発展の指標にあげていたことや、第二次世界大戦後の民主主義的な思潮流のなかで、否定し解体すべき封建的な村の分析や受け継ぐべき民衆運動の研究が重要だ、という考え方があった。筆者もそうした動向に共感した一人であり、百姓一揆や村方《むらかた》騒動に「連帯」して研究をスタートさせたのだった。一九八〇年代の初めに、「村惣中《むらそうちゅう》」に注目しながら提示した郷村自治重視の村社会論も、右の見方の埒内での位置付けだった。

だが、八〇年代後半以降、農村史研究は急速に後退していく。その理由としては、研究面では都市史や身分論など他分野の進展があり、また社会的には、社会主義国家の挫折や日本農業の構造変化など国内外の変動があげられるが、なによりも、村から離れた都市文化のなかで生まれ育った若者が研究の担い手になったことが大きな原因だろう。私たちを直接・間接に規定する「前史」と見なされた村社会は、自分たちとは関係の希薄な「他者」へと転換していったのである。筆者の近世村に対する姿勢にもこの頃に大きな変化があった。社会変革の運動やリーダーに共鳴する立場から転じて、独自の価値を持つ別個の世界としてこの社会を眺める立場への移行である。「変革すべき近世」は「新鮮な異文化の社会」と映るようになった。

異文化社会として近世を眺めようとする時、村絵図やその他の絵画資料は恰好の素材となった。そこには、それまでの立ち位置からは視野に入りにくかった多くの事象が描き出されていたからである。たとえば、近世の草山景観などは、そうした観察を通じてくっきりと見えてきた好例といえる。同時に、こうした観察は、改めて私たち自身の社会を見つめ直す良い機会ともなる。草山に改造された近世の里山と、人手を離れ森林化をたどる現代の山々。両者の景観はなんと違っていることだろう。彼我《ひが》の社会を異文化の関係として見比べる立場もまた、過去の人々との一つの「連帯」の仕方ではないか、と今はそう考えている。

本書はこのような研究史を背景に持ちながら組み立てたものだが、執筆に当っては先学からの学恩とともに、多くの方からの支援を得た。なかでも、本シリーズへの参加を誘って下さった畏友の藤井譲治さん、草稿段階から多数の助言を下さった若手の友人武井弘一さん、また近江国関係史料の閲覧・利用に御援助いただいた甲賀市史編纂室や日野町史編纂室の皆さんには、とりわけ御世話になった。末筆ながら、そうしたすべての方々に対して感謝の意を表する次第である。

二〇一五年二月

水本邦彦

岩波新書/最新刊から

1961 **ウクライナ戦争をどう終わらせるか**
―「和平調停」の限界と可能性―
東 大作 著
ウクライナ侵攻開始から一年。非道で残酷な戦争を終結させる方法はあるのか。国際社会、日本が果たすべき役割を検討する。

1962 **「音楽の都」ウィーンの誕生**
ジェラルド・グローマー 著
宮廷や教会による支援、劇場の発展、音楽教育の普及など、十八世紀後半のウィーンに音楽文化が豊かに形成されていく様相を描く。

1963 **西洋書物史への扉**
髙宮利行 著
扉を開けば、グーテンベルクやモリスなど、本の歴史を作った人々が待っています。ようこそ書物と人が織りなすめくるめく世界へ。

1964 **占領期カラー写真を読む**
―オキュパイド・ジャパンの色―
佐藤洋一
衣川太一 著
日本の黒い霧を晴らし、認識の空白を埋める、あざやかな色。占領者が撮影した写真を読み解き、歴史認識を塗り替える待望の一冊。

1965 **サピエンス減少**
―縮減する未来の課題を探る―
原 俊彦 著
人類はいま、人口増を前提にした社会システムの再構築を迫られている。課題先進国・日本からサピエンスの未来を考える。

1966 **アリストテレスの哲学**
中畑正志 著
彼が創出した〈知の方法〉を示し、議論全体の核心を明らかにする。「いまを生きる哲学者」としての姿を描き出す現代的入門書。

1967 **軍と兵士のローマ帝国**
井上文則 著
繁栄を極めたローマは、常に戦闘姿勢をとる国家でもあった。軍隊と社会との関わり、兵士の視点から浮かびあがる新たな歴史像。

1968 **川端康成**
孤独を駆ける
十重田裕一 著
孤独の精神を源泉にして、他者とのつながりをもたらすメディアへの関心を終生持ち続けた作家の軌跡を、時代のなかに描きだす。

(2023.4)

日本史

岩波新書新赤版一〇〇〇点に際して

ひとつの時代が終わったと言われて久しい。だが、その先にいかなる時代を展望するのか、私たちはその輪郭すら描きえていない。二〇世紀から持ち越した課題の多くは、未だ解決の緒を見つけることのできないままであり、二一世紀が新たに招きよせた問題も少なくない。グローバル資本主義の浸透、憎悪の連鎖、暴力の応酬――世界は混沌として深い不安の只中にある。

現代社会においては変化が常態となり、速さと新しさに絶対的な価値が与えられた。消費社会の深化と情報技術の革命は、種々の境界を無くし、人々の生活やコミュニケーションの様式を根底から変容させてきた。ライフスタイルは多様化し、一面では個人の生き方をそれぞれが選びとる時代が始まっている。同時に、新たな格差が生まれ、様々な次元での亀裂や分断が深まっている。社会や歴史に対する意識が揺らぎ、普遍的な理念に対する根本的な懐疑や、現実を変えることへの無力感がひそかに根を張りつつある。そして生きることに誰もが困難を覚える時代が到来している。

しかし、日常生活のそれぞれの場で、自由と民主主義を獲得し実践することを通じて、私たち自身がそうした閉塞を乗り超え、希望の時代の幕開けを告げてゆくことは不可能ではあるまい。そのために、いま求められていること――それは、個と個の間で開かれた対話を積み重ねながら、人間らしく生きることの条件について一人ひとりが粘り強く思考することではないか。その営みの糧となるものが、教養に外ならないと私たちは考える。歴史とは何か、よく生きるとはいかなることか、世界そして人間はどこへ向かうべきなのか――こうした根源的な問いとの格闘が、文化と知の厚みを作り出し、個人と社会を支える基盤としての教養となった。まさにそのような教養への道案内こそ、岩波新書が創刊以来、追求してきたことである。

岩波新書は、日中戦争下の一九三八年一一月に赤版として創刊された。創刊の辞は、道義の精神に則らない日本の行動を憂慮し、批判的精神と良心的行動の欠如を戒めつつ、現代人の現代的教養を刊行の目的とする、と謳っている。以後、青版、黄版、新赤版と装いを改めながら、合計二五〇〇点余りを世に問うてきた。そして、いままた新赤版が一〇〇〇点を迎えたのを機に、人間の理性と良心への信頼を再確認し、それに裏打ちされた文化を培っていく決意を込めて、新しい装丁のもとに再出発したいと思う。一冊一冊から吹き出す新風が一人でも多くの読者の許に届くこと、そして希望ある時代への想像力を豊かにかき立てることを切に願う。

（二〇〇六年四月）

水本邦彦

1946年群馬県生．1975年京都大学大学院文学研究科博士課程単位修得．愛媛大学助教授，京都府立大学教授，長浜バイオ大学教授を経て
現在―京都府立大学・長浜バイオ大学名誉教授
専攻―日本近世史
著書―『近世の村社会と国家』(東京大学出版会)
『絵図と景観の近世』(校倉書房)
『京都と京街道』(編著，吉川弘文館)
『草山の語る近世』(山川出版社)
『全集日本の歴史10　徳川の国家デザイン』(小学館)
『環境の日本史4　人々の営みと近世の自然』(編著，吉川弘文館)
『徳川社会論の視座』(敬文舎)
『土砂留め奉行――河川災害から地域を守る』(吉川弘文館)
ほか地方自治体史など編著書多数

村 百姓たちの近世
シリーズ 日本近世史②　　岩波新書(新赤版)1523

2015年2月20日　第1刷発行
2023年4月14日　第6刷発行

著　者　水本邦彦《みずもとくにひこ》

発行者　坂本政謙

発行所　株式会社 岩波書店
〒101-8002 東京都千代田区一ツ橋2-5-5
案内 03-5210-4000　営業部 03-5210-4111
https://www.iwanami.co.jp/

新書編集部 03-5210-4054
https://www.iwanami.co.jp/sin/

印刷・精興社　カバー・半七印刷　製本・中永製本

ISBN 978-4-00-431523-0　　Printed in Japan

索　引

あ 行

か 行

さ 行

た 行

な 行

は 行

ま 行

や 行

ら 行

わ 行

参考文献

本文で言及し，また参考にした主なものを掲げたが，執筆にあたってはその他多くの文献を参照し教えられたことを付記しておく．

全編を通じて

ケンペル，斉藤信訳『江戸参府旅行日記』平凡社東洋文庫，1977

C. P. ツュンベリー，高橋文訳『江戸参府随行記』平凡社東洋文庫，1994

朝尾直弘『朝尾直弘著作集　1〜8』岩波書店，2003〜2004

水本邦彦『全集日本の歴史 10　徳川の国家デザイン』小学館，2008

水本邦彦『徳川社会論の視座』敬文舎，2013

第 1 章

池上裕子『日本中近世移行期論』校倉書房，2012

木村礎『村の語る日本の歴史　近世編①』そしえて，1983

速水融『近世初期の検地と農民』知泉書館，2009

福田アジオ『日本村落の民俗的構造』弘文堂，1982

本多隆成『初期徳川氏の農村支配』吉川弘文館，2006

松下志朗『幕藩制社会と石高制』塙書房，1984

水本邦彦『絵図と景観の近世』校倉書房，2002

宮家準「総論 —— 共同体の伝承とコスモロジー」同編『大系仏教と日本人 9　民俗と儀礼』春秋社，1986

『近江日野の歴史　第 3 巻　近世編』2013

『都留市史　資料編 2　都留郡村絵図・村明細帳集』1988

第 2 章

稲葉継陽「中世後期村落の侍身分と兵農分離」『歴史評論』523，1993（後収『戦国時代の荘園制と村落』校倉書房，1998）

大河内千恵『近世起請文の研究』吉川弘文館，2014

大塚活美「湯起請・鉄火についての覚書」『朱雀』6，1993

岡崎敬賢『九百年の歴史を訊ねて』西多摩新聞出版センター，

2001
佐藤弘夫『起請文の精神史 —— 中世世界の神と仏』講談社選書メチエ，2006
志賀節子「室町期伏見庄における侍衆をめぐって」『ヒストリア』197，2005
清水克行『日本神判史 —— 盟神探湯・湯起請・鉄火起請』中公新書，2010
西村幸信「中近世移行期における侍衆と在地構造の転換」『ヒストリア』153，1996(後収『中世・近世の村と地域社会』思文閣出版，2007)
深谷幸治『戦国織豊期の在地支配と村落』校倉書房，2003
福田アジオ『戦う村の民俗誌』歴史民俗博物館振興会，2003
藤木久志『豊臣平和令と戦国社会』東京大学出版会，1985
藤木久志『刀狩り —— 武器を封印した民衆』岩波新書，2005
藤田達生『日本中・近世移行期の地域構造』校倉書房，2000
藤田達生『蒲生氏郷』ミネルヴァ書房，2012
牧原成征『近世の土地制度と在地社会』東京大学出版会，2004
水本邦彦『近世の村社会と国家』東京大学出版会，1987
宮島敬一「戦国期における在地法秩序の考察 —— 甲賀郡中惣を素材として」『史学雑誌』87-1，1978
宮島敬一『戦国期社会の形成と展開 —— 浅井・六角氏と地域社会』吉川弘文館，1996
村田修三「戦国時代の小領主 —— 近江国甲賀郡山中氏について」『日本史研究』134，1973
湯沢典子「中世後期在地領主層の一動向 —— 甲賀郡山中氏について」『歴史学研究』497，1981
渡辺恒一「近世初期の村落間争論と地域秩序 —— 近江国甲賀郡を事例として」『歴史科学』152，1998
『宇川共有文書調査報告書　上・下』水口町立歴史民俗資料館，1996・97
『宇田区有文書調査報告書』水口町役場総務課　自治体史編纂準

備室，2003
『近江日野の歴史　第2巻　中世編』2009
『北内貴川田神社文書』水口町立歴史民俗資料館，1990
『甲賀市史2　甲賀衆の中世』2012
『甲賀市史3　道・町・村の江戸時代』2014

第3章

児玉幸多・川村優編『近世農政史料集3　旗本領名主日記』吉川弘文館，1972
野村豊・由井喜太郎編『河内屋可正旧記』清文堂出版，1970
前田正治編著『日本近世村法の研究』有斐閣，1950
水本邦彦『近世の郷村自治と行政』東京大学出版会，1993
水本邦彦「村から見た徳川日本――「身分型自力」の社会論」『歴史科学』206，2011

第4章

岩城英夫『草原の生態』共立出版，1971
内田星美「江戸時代の資源自給システム試論」『東京経済大学人文自然科学論集』61，1982
大石慎三郎校訂『地方凡例録　上下』近藤出版社，1969
大口勇次郎『徳川時代の社会史』吉川弘文館，2001
須藤功編『写真でみる日本生活図引1　たがやす』弘文堂，1994
古川貞雄『村の遊び日』平凡社，1986
古島敏雄『古島敏雄著作集3　近世日本農業の構造』東京大学出版会，1974
古島敏雄『古島敏雄著作集6　日本農業技術史』東京大学出版会，1975
水本邦彦『草山の語る近世』山川出版社，2003
溝口常俊「近世甲斐国における奉公人の移動に関する研究」『人文地理』33-6，1981(後収『日本近世・近代の畑作地域史研究』名古屋大学出版会，2002)
宮川満『太閤検地論　第3部』御茶の水書房，1963
守山弘『自然を守るとはどういうことか』農山漁村文化協会，

1988
「地方の聞書」山田龍雄他編『日本農書全集　第28巻』農山漁村文化協会，1982

第5章

大熊孝『洪水と治水の河川史 ── 水害の制圧から受容へ』平凡社，1988
大島真理夫編著『土地希少化と勤勉革命の比較史 ── 経済史上の近世』ミネルヴァ書房，2009
大野瑞男「国絵図・郷帳の国郡石高」『白山史学』23，1987
菊池万雄編『日本の風土と災害』古今書院，1987
鬼頭宏『環境先進国・江戸』PHP研究所，2002
木村礎『近世の新田村』吉川弘文館，1964
国立天文台編『理科年表　平成21年度版』丸善，2009
館山市立博物館編『平成25年度特別展　安房の干鰯 ── いわしと暮らす，いわしでつながる』2014
谷山正道「転換期の幕政と民衆」『日本文化史研究』42，2011
玉城哲・旗手勲『風土　大地と人間の歴史』平凡社，1974
長野市教育委員会『平成10年度企画展　震災後一五〇年　善光寺地震 ── 松代藩の被害と対応』長野市教育委員会松代藩文化施設管理事務所，1998
東昇「藩の産物調査と土産・名物・献上」水本邦彦編著『環境の日本史4　人々の営みと近世の自然』吉川弘文館，2013
本城正徳『近世幕府農政史の研究 ── 「田畑勝手作の禁」の再検証を起点に』大阪大学出版会，2012
松尾美恵子「富士山噴火と浅間山噴火」大石学編『日本の時代史16　享保改革と社会変容』吉川弘文館，2003
水本邦彦「人と自然の近世」前掲『環境の日本史4　人々の営みと近世の自然』
盛永俊太郎・安田健編『享保元文諸国産物帳集成1』科学書院，1985
安田健『江戸諸国産物帳 ── 丹羽正伯の人と仕事』晶文社，1987

『小山町史 7　近世通史編』1998
『神奈川県史　通史編 3 近世(2)』1983
「凶年違作日記・附録」佐藤常雄・徳永光俊・江藤彰彦編『日本農書全集　第 67 巻』農山漁村文化協会，1998
『新編埼玉県史　通史編 3(近世 1)』1988
『日本経済叢書 1』日本経済叢書刊行会，1914
『日本経済叢書 6(改訂版)』大鐙閣，1923
『日本被害地震総覧 ── 599-2012』東京大学出版会，2013

おわりに

不破哲三「マルクスと日本」『前衛』465，1981
保立道久『歴史学をみつめ直す ── 封建制概念の放棄』校倉書房，2004
カール・マルクス，資本論翻訳委員会訳『資本論 第 1 巻』新日本出版社，1982
宮嶋博史「東アジア世界における日本の「近世化」── 日本史研究批判」『歴史学研究』821，2006
山本博文『幕藩制の成立と近世の国制』校倉書房，1990

図版出典・表作成参考資料(本文記述から明らかなものは除く)

図 0-1：参考，日本リサーチ総合研究所「20 世紀における日本人の生活変化の諸相 ── デジタル・アーカイブ生活指標から」ウェブサイト，2014
図 0-2：参考，横道清孝「日本における市町村合併の進展」(アップ・ツー・デートな自治関係の動きに関する資料 No. 1)ウェブサイト，2014
図 1-1，図 1-2，図 2-1：図版提供，甲賀市教育委員会市史編纂室
図 1-4：前掲，福田アジオ『日本村落の民俗的構造』
図 1-5：前掲，宮家準「総論 ── 共同体の伝承とコスモロジー」
図 1-6：前掲『都留市史　資料編 2』
図 1-7，8：『せいか歴史物語』精華町，1997

参考文献

表1-3：前掲，木村礎『村の語る日本の歴史　近世編①』
表2-1，2：『甲賀市史3』に加筆
表3-2：『犯科帳1』長崎犯科帳刊行会，1958
図3-1，2：図版提供，野洲市安治区
図4-1：『日本農書全集　第72巻』農山漁村文化協会，1999
図4-2：豊田庸園『版本地誌大系15　善光寺道名所図会』臨川書店，1998
表4-2：前掲，守山弘『自然を守るとはどういうことか』
表4-3：『明治大学刑事博物館資料　第6集(郷帳6)』1984
図4-3：『長野県上伊那誌2　歴史篇』付図，1965
表4-4：田上一生編著『近世濃飛林業史』岐阜県山林協会，1979
図4-4：前掲，内田星美「江戸時代の資源自給システム試論」
表4-7：前掲，溝口常俊「近世甲斐国における奉公人の移動に関する研究」
図5-2：『山城町史　本文編』1987
図5-3：著者撮影